我在小学教语文

母语课程的开发与实施

大夏书系·语文之道

李竹平——著

华东师范大学出版社
ECNUP
全国百佳图书出版单位

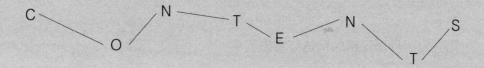

目　录

第五辑　母语课程的课堂演绎艺术

序　我的母语教育探索之路

在全国共用统编版语文教材的背景下，一个新的课题摆在广大语文教师面前：我们该如何"努力建设开放而有活力的语文课程"？虽然统编版教材是课程改革进一步探索和深化的产物，具有一定的先进性和价值引领性，但有两个问题需要语文教师认真思考并在实践中给出答案。第一个问题是：语文课程标准指出，"语文课程应该是开放而富有创新活力的"，教材仅仅是语文课程的一部分，如果教师只是按"教材"的思路教语文，多大程度上能够实现语文课程的开放性和创新性，确保学生在语文学习中全面提升语文素养？第二个问题是：为了提高学生的语文素养，语文教师应该怎样创造性地使用统编版语文教材，促进课程资源的开发和利用？

教育的目的，不在于让受教育的所有人都用一个大脑思考，而是要让每一个人成为最好的、与众不同的自己，这样每个人才能活出自己的意义，一个民族、一个国家才会有活力，才会有无限的前途。因此，教师在使用统编版教材时，应在科学理念的指导下，大胆地创造性使用教材，开发出对学生母语学习有益的教室课程来。统编不是要"统"成一潭死水，而是要发挥教师的创造性价值，从学生全面发展的需要和实际出发，让语文课堂流淌出"活水""清水""浩浩荡荡的水"。

在思考上述问题的过程中，我回想起自己这些年来在语文教学上的探索和实践，觉得自己所经历的三个成长阶段，正好可以提供具有参考价值的答案。

（1）基于一本语文书的教学探索。现在回想起来，参加工作的前十年，我并没有意识到自己是一名语文教师，更没有意识到我是一名应该对学生的生命成长负责的教育者，我只是每天按照教学参考书上的建议在课堂上做一下搬运工的事情而已。

觉醒来自偶然。那是一次终生难忘的经历：在一个大礼堂里，被于永正、贾志敏、支玉恒的课震撼，如醍醐灌顶，如发现新世界——语文教学原来不是自己以前看到的和自己一直实践的样子！语文书不是一本普通的书！一本薄薄的语文书里到底有什么？这个问题的答案要从多个角度去寻求，然后将它们综合起来，才能窥见其本真的面貌。第一，一本薄薄的语文书承载了语文教育的主要任务，一个学期语文教育的目标主要蕴含于一本语文书之中，蕴含于书中的一个个单元、一篇篇课文、一道道思考题里。教师只有通过对语文课程标准（教学大纲）的研读，厘清了每个学段、每个学年、每个学期的教学目标和内容重点，才能懂得从语文书中去发现相应的目标和内容是怎样体现在单元、课文和习题当中的。若非如此，就不可能明白"课文无非是个例子"，以及为什么要用"这个"例子而不用"那个"例子，为什么"这个"例子用在此处而没有用在彼处。第二，从学生的角度出发，我们要用心去发现一本薄薄的语文书，何以与他们的成长建立起紧密的联系，成为他们的需要，而非被强加的任务。教师要将单元主题、课文内容、任务目标等与学生的年龄特征、心理特点、言语思维发展需要等结合起来研究，找到它们的连接点，让语文书真正鲜活起来。第三，作为教师，如何解读语文书，如何解读一个个文本，如何设计学习内容和活动，才算是心中有标准，目中有学生，课中有"语文"，要做到了然于胸。下足了文本解读的功夫，才能明晰一篇篇课文到底是什么、为什么、怎么用，否则就会盲目地使用教材，徒然浪费学生和教师的时间与生命。

照搬名师大家的教学设计或课堂是没有用的，摹形容易得神难，这是我很快就悟出的道理。所以，我开始了文本解读的自我锤炼。首先，我从单篇的课文入手，进行文本解读的练习，用自己的眼光发现文本的特点，再从语言文字运用学习的角度联系课标提炼文本的本体性学习价值，然后思考它们与学生言语发展、心灵发展的需要有怎样的关系，最后做出取舍，设计课堂学习活动。这样一来，一篇篇课文的教和学再也不像以往一样千篇一律了，每一篇课文的学习和分享都是独一无二的，每节语文课都是新鲜的、值得师生共同期待的。有了单篇解读作为基础，我又尝试进行单元整体解读、同题材不同文本的对比解读等。这样，我对文本的理解更丰富更深刻了，课堂学习活动也更加丰富多彩了。在文本解读上有了几年的实践探索，我的文本解读能力明显得到了提升，课堂也越来越吸引学生。《例谈专题单元下的文本解读策略》《大地的话，妈妈的话》《文本解读如何给力课堂》等多篇文本解读的文章在专业刊物上发表，便成为水到渠成的事。

　　（2）语文不仅仅是一本语文书。我读小学和初中的时候，老师是不允许读课外书的——那时候的农村，也没什么课外书可读。等到自己当了多年语文老师之后才发现，不读课外书，哪怕将一本本语文书都烂熟于心，学生除了会考试，对于自己所身处的世界，基本上还是"睁眼瞎"。没有课外阅读生活之语文，一定是视野狭隘、思维僵化、了无生趣的语文。甚至，因为阅读囿于一本语文书，孩子们极有可能成为"不知有汉，无论魏晋"的"世外之人"。当学校有了互联网，了解了更多外面的世界，也订阅了更多刊物之后，我突然意识到，囿于一本语文书的语文学习是可怕的。我开始了突破语文书的语文教学探索。

　　十几年前的农村学校教师，走出去学习的机会还是十分有限的，如果只是寄希望于去模仿已经走在前面的名师大家，新的探索和实践步伐不一定有迈开的机会——当然，如果不对自己所从事的工作进行积极反思、实践和继续学习，缺乏成长的诉求，即使是学习越来越便捷的今天，很多教师也还是心甘情愿地做一只只自以为是的"井底之蛙"——也只能成为"井底之蛙"。意识到语文不仅仅是一本语文书，首先是从 2001 年版的课程标准获得的启蒙，但将这一理解贯彻于行动之中，我花了好几年的时间。起初，不过是鼓励学生自己阅读诸如《安徒生童话》《格林童话》一类的读物，高年级也就局限于"四大名著"的推荐而已，因为作为语文教师的我，也没有亲自读过更多能推荐给学生阅读的书籍。

我先自己补课。我一边学习有关课外阅读指导的文章，努力获得免费参加相关研讨活动的机会，一边大量阅读各类儿童书籍，用心选择认为合适的整本书。终于，我启动了班级共读活动，精心选择共读书籍，认真设计共读方案，细致组织班级共读。这一尝试很快收到了回报，以前不知课外阅读为何物的孩子们发现了阅读的巨大乐趣，不再满足于共读的节奏，纷纷走进了小镇的书店……从整本书阅读开始，我的语文课程悄然发生着变化，变得越来越丰富，越来越让孩子们喜爱了。以故事分享为主要方式的听读课慢慢成熟起来，孩子们在听读课上学习故事构建的策略，阅读理解和表达能力同时得到提升，发展了批判性思维。不久，《小学教学》发表了我的第一篇听读课案例《听读：提升儿童阅读素养的有效渠道》，给了我更大的信心和动力，继续进行实践探索和研究。

突破语文书的探索并不仅仅局限于丰富了语文课程的内容，有了整本书共读、听读课以及晨诵，还带来了我对一本语文书本身如何使用的重新思考和实践。首先，我尝试着对语文书中的文本进行大胆取舍和重组，教学时间重新进行规划，实现了每学期只用一半时间学习教材文本，且目标落实清晰而扎实。其次，我在教学策略上也进行了新的探索。例如，教学《小英雄雨来》和《夜莺之歌》，先开展文本之间的对比阅读，再与电影《伊万的童年》进行融合、对比，引导学生从不同角度认识和思考战争。教学《春潮》和《三月桃花水》，在进行对比品读之后，引导学生走出教室去观察、感受身边春水，写自己眼里春水的故事。对比阅读、融合（整合）阅读、文体阅读等策略给课堂带来了新的气象，给学生的语文学习带来挑战的同时，更激发了他们对语文的热爱。而我自己体验到的作为一名语文教师的成就感，更是无比宝贵的。

我常常感激那段不断进行实践性反思和反思性实践的教育探索，它让我深刻地认识到，一个教师的专业成长，离不开那些或具体或抽象的"摆渡人"——例如名师、读物、身边的同事等，更离不开自己的执著、勇气和实践，甚至是对自己一次又一次的质疑和否定。

（3）语文教育是母语教育。对一个事物的认识总是随着时间的推移，尤其是探索的深入，变得越来越丰富、深刻。我对自己越来越喜爱的语文教学的认识亦是如此。什么是语文？什么是语文教育？语文教育的价值和意义到底是什么？这些看似高大上的问题，却是每一个语文教师都应该认真思考并给出明确答案的重要问题，因为语文学习不仅关系到学生语言运用能力的发展，还关系到学生心灵的发展，因为语文教育是母语教育。真正理解到语文教育是母语教育，我用了20多年时间。任何语言都具有工具性和人文性的特征，唯有当一种语言是母语的时候，它才自自然然带有文化传承的基因，让一个人因为浸润其中而找到生命和文化的归属感。传统语境中的"语文教学"只有还原为母语教育，对学生生命成长的价值才是全面的、多元的、完整的，才不会导致"本体性知识技能"与精神、文化和思维的疏离。有了这样的认识之后，我对语文课程又有了新的理解和探索。

母语教育必须强调语文学习的文化传承和精神涵养的价值，这在理念层面早就有了定论，但在操作层面，理念如何转化为相应的行动呢？通过大量阅读和学习，我从叶圣陶先生的著作中，发现了一条通向母语教育课程建构之路——"为儿童全生活着想"的母语课程。

阅读开阔了我的教育视野，写作深刻了我的教育理解，仿佛水到渠成，我逐渐看见了真实的儿童，并坚定了探索和实践"为儿童全生活着想"的教育之信念。当然，我也十分清楚，没有前面多年读写实践的积累，没有自我的努力成长，即使有人明明白白将"为儿童全生活着想"这一母语教育理念和智慧呈现到我的面前，我也无法心动，更不可能有脚踏实地的行动。

秉持理性的教育行动才能成就教育的真正诗意，母语课程构建的前提是理解儿童，理解儿童身处的生活世界，并尽可能地朝向儿童将来的生活世界。在教育因为社会的浮躁、人心的焦躁而找不到方向的当下，各种教育理念和实践的探索风起云涌，新鲜、时尚的教育名词不断涌现，且被解释得诗意、明亮、高大上，而学生依然在各种教育现场中糊里糊涂地挣扎着、沉浮着、煎熬着。我相信多数探索和实践是真诚的，我也相信多数探索和实践是为了学生获得更好的发展。但是，当怀着一颗责任心去考察和追问时，总会发现，那些被报道的成果，或者探索和实践者自己撰写的文字，大多"看上去很美好"，实际上不一定经得住逻辑的、现实的考验。毕竟，教育的对象是人，教育场域中每个人的成长发展到底处于什么样的状态，每个人自己的体验才是最真实、真切的；而教育的成果，是需要一定的时间来检验的，两三年，至多五年的教育实验，并不能证明某种教育理念、模式的科学性和成功指数。虽然社会和科学的发展不仅仅丰富了教育的内容和形式，同时也促进了教育思想的发展，比如脑神经科学为教育如何在个体生命中产生作用提供了新的证据，但因材施教、教学做合一、平等对话等传承了一代又一代的教育思想，至今依然是富有生命力的。正是有了这样的思考和认识，我开始努力回到教育的原点，回到最朴素的教育生活中来，寻求自己可以皈依的教育理念和立场。

在不断学习、探索的路上，我重新与叶圣陶先生的教育思想相遇，慢慢地被他提出的"为儿童全生活着想"的母语教育理念和实践智慧吸引。教育是为人的成长发展服务的，任何课程的建设和实施都要以学生的需要和发展为本。

在语文课程建构和实施上，"为儿童全生活着想"的理念让我对母语教育有了更加深刻的理解和认识，我不再从表面上追求语文课程的丰富性和多样性，而是从学生全面发展的需要出发，让母语学习与学生的"全生活"建立起真实、自然、紧密的联系。我主持编写母语教育读本（教材），力求使学生的母语学习符合三个课程逻辑：理念逻辑、内容和目标逻辑、儿童成长逻辑。有逻辑的语文课程建构和实施，才能帮助学生认识生活、丰富语言、发展思维和心灵。《历史的足迹》是一本以历史为主题的母语教育读本，在五年级编写、使用这一读本，是为了帮助学生在学习母语的同时，初步建立中国历史的全景视角，启蒙学生的历史观，让学生在历史叙事中学习母语，从历史的维度促使学生的母语学习与"全生活"建立起了联系。其实，突破传统的学科壁垒，以联系的眼光看待母语学习，让母语学习真正回归生活，融入生活，创造生活，也正是叶圣陶先生当初的美好愿望，而我，不过是在用行动继承他的教育思想而已，而成果，是微不足道的。

教育是需要情怀的事业，更是科学而专业的工作和行动，要胜任它，就要不断进行自我教育。在语文教育探索和实践的历程中，我深切地认识到，语文教师唯有大胆而智慧地构建"为儿童全生活着想"的母语课程，才能真正担当起全面提升学生语文素养的重任。

第一辑

母语课程开发的缘起

追问两个现实问题

关于语文教育，有很多问题值得讨论，对于一线语文教师来说，最现实的问题就是"教什么"和"怎么教"的问题，至于"为什么教"反而处于次要的地位，甚至忘了去追问。绝大多数语文教师进行语文教育、开展语文教学的凭借，或者说依据，一是教材，二是课程标准。现在，我们就针对这两者来追问两个非常现实的问题。

一、一篇篇课文用来干什么

传统的语文教材主体内容是一篇篇课文，现在的统编版语文教材亦然。仅小学阶段，语文教材中就有近 400 篇长短不一、体裁各异（故事或散文类占多数）的课文。那么，这一篇篇课文到底是用来干什么的？这个问题似乎不需要我们这些习惯了"执行政策""执行课程标准"的语文教师来思考和回答。但是，如果真要用这个问题来考考语文教师，不知道大家会给出怎样的答案——千万别回答是用来学习语文的！因为这会被看作正确的废话。

那就回答具体点吧，是用来学习阅读和写作的。这样，接下来就会有更多的疑问需要解答，比如：学习阅读为什么要用这些课文？为什么《猫》要放在四年级而不是三年级？为什么有的课文在这套教材中放在低年级，而在另一套教材中放在中年级？……再如：如果是用来学习写作的，为什么不直接指明从一篇具体的文章中学什么？为什么几乎一样结构和写法的课文编排在了不同年级？……这样不依不饶地追问下去，似乎有找茬之嫌，至少会得罪两类人：一类是真理在手的教材编写者，一类是一直兢兢业业按照同一个模式教学所有课文的一线语文教师。前者会说这样的追问者不学无术，朽木不可雕，教师用书上写着编写说明，咋就读不明白呢？后者会说这是吃饱了撑的，不问这些问题，不是一直教得顺风顺水，而且学生考试年年得高分吗？

有一本四年级语文教材的"使用建议和说明"中写道："本套教材……着力文化奠基、工具奠基、思维发展和创新能力奠基以及学会学习的奠基。本册教材以学生语文实践活动为核心，采用适合学生认知水平的主题或情境，从学生的自主学习出发，安排了 12 个主题单元……""本册教材……课文内涵丰富，文化含量加大，弹性内容增多，阅读的要求相对较高，需要师生深入开掘。"这样的文字，到底在提供怎样的"建议和说明"，实在需要教师进一步"深入开掘"。某本教材中有一个主题单元叫"舟船"，主体选文有《跳水》《沙漠之舟》，"语文天地"中有古诗《滁州西涧》《舟夜书所见》、现代诗《初航》、新闻《"神舟"五号载人飞船发射成功》，"使用建议和说明"对这一单元培养语文能力的定位是"新闻的阅读"和"学写新闻"。如果针对这一主题单元追问"一篇篇课文是用来干什么的"，我想，教材编写者多半会语塞。

"阅读是运用语言文字获取信息、认识世界、发展思维、获得审美体验的重要途径。"这句话大多数语文教师应该不会陌生。那么，你有没有思考过一篇篇课文是怎样帮助学生"认识世界"和"发展思维"的？一个不会识字阅读的人，认识世界基本靠的是经验，某方面的经验缺乏足够积累时，对此一方面事物的认识就会片面，如盲人摸象。如果学生通过分散在一本本教材中的课文来认识世界，会不会也出现这种情况呢？以上面的"舟船"主题单元为例，这样的几篇课文能帮助学生对"舟船"产生怎样的认识？比喻之"舟船"、引申之"舟船"，还是本源之"舟船"、科学之"舟船"？似乎不容易梳理。

再来对比一下语文教材和其他学科的教材，我们就会发现，没有哪门教材会像语文教材一样，主要靠一篇篇找不到明显逻辑关系或清晰线索的"课文"组成。当然，这跟语文学科的特殊性有关，数学有它自身的知识体系，且每一个知识点都有其鲜明的逻辑链条。语文似乎除了收罗一篇篇课文，没有更好的办法组成教材。那至少，我们应该弄明白，一篇篇课文分别用来干什么。

用来识字学词。这似乎没什么可怀疑的——但有些文章中不一定有生字新词，尤其对课外阅读量大的学生来说，可能很多教材中的课文都没有生字新词。

用来学习阅读方法和策略。我想，多几篇或少几篇课文，不一定影响对阅读方法和策略的学习与运用；或者将这些短文换成几篇长文，学起来会更有效果些。

用来发展思维。形象思维和逻辑思维怎么通过这些课文的学习来发展，哪篇课文适合在什么阶段用来训练形象思维，哪篇又适合用来训练逻辑思维，教材中是看不出来的。

用来学习写作。一篇课文到底用来学习哪种具体的写作方法或技能，教材中基本上没有明确的区分，更没有从写作策略和方法的角度提出学习任务和目标。

……

这样来分析，是抽象的，也有片面之嫌。我们不如来看看同一篇课文，不同的名师是不是用它做了一样的事情。《月光曲》是一篇很"经典"的课文了，一位名师这样定位教学目标：

1. 从德国音乐家贝多芬创作《月光曲》的传说中，让学生体会贝多芬对劳苦人民的同情和爱，从而培养学生热爱人民的思想感情，并对学生进行美的教育。

2. 巩固刚学过的生字，理解"谱写、传说、幽静、恬静、纯熟、陶醉"等词语，描述画面进行语言训练。

3. 有感情地朗读课文。

4. 初步学习在写实的过程中，展开适当的联想，发展学生的想象力和逻辑思维能力。

另一位名师的目标定位是：

1. 正确读写并理解"蜡烛、茅屋、清幽、盲姑娘、琴键"等词语。
2. 了解贝多芬创作《月光曲》的经过，在质疑理解、有感情地朗读、想象写话的语言实践过程中体会贝多芬在创作过程中思想感情的变化，以及了解产生这种变化的原因。
3. 感受贝多芬博大高尚的情怀，体会音乐艺术的魅力。

显然，两位名师用同一篇课文，主要做的事情有很多不同之处，至少第二位名师就没有用它来发展学生的"想象力"和"逻辑思维能力"。

如果大家在网上搜一下不同名师教学《卖火柴的小女孩》的不同目标追求和方式方法，将会发现他们之间甚至会有天壤之别。

如此看来，一篇篇课文用来干什么，我们语文教师是可以随意发挥和取舍的——显然这是许多人不同意的。

可是，如果我们想不明白一篇篇课文是用来干什么的，我们又怎么通过它们引领学生学好语文呢？实在是叫人更加糊涂了。

或许，这是语文教育被人诟病，多少年来被认为"少慢差费"的缘由之一吧。统编版教材能否扭转乾坤，从根本上解决问题，怕也是一个大大的问号。

一篇篇课文用来干什么，如果我们从编者到教者都能从大处着眼，细处着手捋个清楚明白，那将是一件功德无量的事情。另外，我们可以凭着自己对母语和学生成长的理解，做一些自认为明明白白的事情，以免在这么重要的工作上总用"难得糊涂"来自嘲。

循着这样的思路，第二个问题来了。

二、假如没有了语文教材怎么办

一所学校组织语文教师解读课程标准，要求每位老师对照课程标准上的学段目标和内容，根据手头的教材，写出对自己所教学段语文课程目标和内容的理解与思考。

课程标准分五个板块描述学段目标和内容，但每一条描述都是比较抽象的、模糊的，例如"累积认识常用汉字 2500 个左右，其中 1600 个左右会写"，这里只有数字概念，至于具体是哪 2500 个或 1600 个，就不得而知了。如果在解读课程标准时，教师心中对具体哪 2500 个左右的汉字毫无概念，或者不清楚怎样算"写字姿势正确"，那就只能是"读读"课程标准而非"解读"课程标准了。怎么办呢？大家以为好办法就是"逆向而上"，拿出手头的教材，对应着"解读"课程标准。这当然算得上一个比较聪明的思路了，既将课程标准的理解落到了比较实在之处，又对照课程标准分析理解了教材，可以说是一举两得。

问题同时也来了。教材终归还是以一篇篇课文为主的，同样一篇课文，如果既放在二年级，又放在三年级，如何用来对应着解读课程标准呢？又或者，假如没有了教材，怎么办呢？再回到源头上来思考，教育部组织专家学者编写语文课程标准，一定不是依据现成教材来提炼目标和内容的，相反，教材的编写应该是以课程标准为依据的——这在"教材编写建议"中有明确的表述。教材编写要以课程标准为依据，教师解读课程标准却要借助教材来理解，而不是在充分领悟课程标准的前提下，运用课程标准来检验教材的科学性和适切性，进而用批判的眼光来对待和使用教材，这就有本末倒置之嫌了。而我们一直觉得，借助教材来理解课程标准，是理所当然的一件事，因为我们从来就没有考虑过，假如没有现成的教材怎么办。

教师应该具有课程建设能力。选择甚至自己依据课程标准编写合适的教材或读本，应是教师课程建设的主要能力之一——虽然现在全国都要求统一使用部编版教材，但是部编版教材也是人编写的，不可能尽善尽美。对现成教材的依赖，影响了教师对课程标准的深入理解和领悟，束缚住了教师的自主能动性和创造精神，导致教师心安理得地把教材置于学生发展之上，用教材来框定学生语文学习的目标和内容，而非为学生更好地发展服务。对现成教材的过度依赖，导致教师离开了教材，就无法面对学生开展语文教育教学活动，因为教师不知从何处下手——纵使身边有无穷无尽的教育教学资源。

另一个事实是，在课程标准颁布之后，出版了很多解读课程标准的书，这些书的思路同样是借助教材文本教学的案例来帮助教师理解课程标准，以期能将课程标准与教学实践建立起紧密联系，让课程标准真正成为教师教学的依据和抓手。这同样无法回答"假如没有了教材该怎么办"的问题。

为什么一定要提出这样一个在现实中几乎不成其为问题的问题呢？我们不仅有教材，而且是全国近 1 亿小学生共同使用同一套教材，教材几乎就是课程标准的唯一诠释——如果不考虑不同教师对教材的个性化理解。这种情况下提出这个问题，似乎是没事找事了。其实不然。第一，这个问题是在考量广大语文教师对课程标准的根本性思考——为什么语文课程标准是概括的、纲领性的表述，而非具体的、实践性的诠释？进而促使教师进一步思考并厘清语文到底要学什么、为什么学、怎样学，即"懂得语文是什么和为了什么"。第二，教材就是语文课程的全部吗？显然不是。那么，教材之外，教师的主动性和创造力如何体现？如何服务于学生的语文学习和语文综合素养的发展？第三，课程标准明确要求"教材要有开放性和弹性"，教师依据什么来发现手头语文教材的"开放性和弹性"呢？又如何积极利用其"开放性和弹性"呢？第四，如果真的要求教师能够依据课程标准自己选择教学资源和内容，甚至自己编写教材，教师能有这份勇气和能力吗？如果没有，又何以证明自己对语文教育的理解达到了可以指引自己建构和实施教室课程的程度？

这两个问题之所以既现实又难以回答，原因可能十分复杂。也许，如果我们能对"什么是语文""什么是语文教育"这样的根本性问题做出思考，并拥有比较确定的观点，这两个问题就可以用富有创造性的、负责任的教育行动来给出答案了。

语文教育是母语教育

无论时代如何变迁，教育永远是社会发展过程中的焦点话题。教育实践于当下，服务于当下，却应该着眼于未来——一个人的未来，一个社会的未来，一个民族的未来。对未来的期待和想象，反映在教育上，就是确立什么样的教育理念，建设什么样的课程，落实什么样的教育实践方式，最终指向的核心问题就是，教育要培养什么样的人。

教育要培养什么样的人？对于这个问题的回答，在理想层面上，从"四有新人"到"全面发展的人"到"具有核心素养的人"，既着眼于个体幸福的追求，也着眼于社会发展、民族振兴的追求，每个具体时代中的人们都很容易达成共识。然而，当需要行动和实践来落实的时候，人们就容易迷茫，不知道在一所学校里，在一间教室里，在一门学科里，到底做什么和怎么做，才是正确的，才是科学的，才是对教育理想负责任的。所以，一次次课程改革，各种口号主张热热闹闹，效果却总是难以令人满意。其中，语文教育的改革受到的重视程度最大，付诸的行动最多，而得到的赞誉却最少，受到的诟病最多。"误尽苍生是语文"曾经成为教育里最流行的一句话，就证明了语文教育的改革与探索是多么的尴尬。

语文教育的困境，或者说语文课程的困境，窃以为，是一直以来人们就"什么是语文"总无法达成共识的困境。什么是语文？什么是语文教育？这两个看似高大上的问题，却是每一个语文教师都应该认真思考并给出明确答案的的重要问题；如果没有答案，语文教师就不知道自己在做什么，语文教育当然就成为了一种糊里糊涂的事业。这就是为什么有些人认为当一名语文教师极其容易，而有些人认为当一名语文教师极不容易的原因。认为语文教育很容易的，抱定一本薄薄的语文书和一本教学参考书，在课堂里做一下搬运工的工作，确保学生能自如应付一张考卷，就万事大吉，就可以在"语文"的山头上插上胜利的红旗。认为语文教育极不容易的，总觉得语文学习不仅关系到学生语言运用能力的发展，还关系到学生心灵的发展，它不是一张试卷的事，而是一生发展的事，是一个民族文化传承和发展的事。

身为一名语文教师，我们总得给"什么是语文教育"一个答案，哪怕只是属于自己的答案。这样，我们才能保证自己有目标、有逻辑地去开发语文课程，去实践科学的教育理念，去创造师生共同拥有的教室课程生活，从而用行动回答前文对两个现实问题的追问。

基于20多年的语文教育实践和思考，我给出的答案是：语文教育是母语教育。语文教育是母语教育，这一认识也不一定能得到所有人的认可，例如有人认为我们的语文从语言文字的民族性上看，特指汉语汉字，而学习语文的还有这片土地上的其他民族；又或者在语音上还有丰富复杂的方言……如此等等，似乎都有其道理，其实改变不了"语文"或者说"汉语"的"国语国文"的地位和现实。很多英语国家以英语为母语，不会有人因为他们有方言而否定学校英语课程之"英语"的母语地位。母语这个概念，是作为一个人生活、学习的第一语言来定位的。

关于"母语"的定义，《现代汉语词典》的解释是："一个人最初学会的一种语言，在一般情况下是本民族的标准语言或某一种方言。"从这个解释就可以看出，"母语"是有"母性"的，她不仅仅是一种语言，还是特定的文化传统、思维方式、精神涵养等实现传承的一种载体。正如法国作家都德在《最后一课》中所说，母语是民族的标志和象征，一个民族的语言是一个民族的灵魂。"汉语"作为一个语种，像"韩语""日语"一样，对其他民族而言，它只是诸多种语言中的一种而已；而对于中华民族来说，只有汉语才是母语，才自然地蕴含了中华民族传统文化和精神传承与创造的价值。"汉语教育"是宽泛意义上的语言学习与教育，对任何一个学习汉语的人都可以这么说，不管他是日本人还是英国人；"母语教育"包含了特定的语境，它只针对本民族的人而言，只有当学习汉语的人属于中华民族的一员时，他所接受的汉语教育才能称作母语教育。中国人也学习英语、法语、日语，这些不是母语学习，而是第二或第三语言的学习。简单地说，一种语言之所以被称为母语，是因为她从你一出生就在哺育着你，塑造着你，滋养着你的心灵和精神，而不仅仅是一种交流的工具。

任何语言都具有工具性和人文性的特征，唯有当一种语言是母语的时候，它才自自然然带有文化传承的基因，让一个人因为浸润其中而找到生命和文化的归属感。传统语境中的"语文教学"只有还原为母语教育，对学生生命成长的价值才是全面的、多元的、完整的，才不会导致"本体性知识技能"与精神、文化和思维的疏离。

母语教育呼唤母语课程

首先，我们可以认为，我们所谈论的和所实践的语文教育、语文课程就是母语教育、母语课程。语文课程是一门学科课程的称谓，母语课程是对这一门学科课程的认识。

教育最本质的追求是"创造"，是探索更好的未来，而不是因循守旧，也不是全盘否定推倒重来。所以，对语文教育有了母语教育的定位，接下来要做的就是在这一认识基础上的母语课程的探索。这种探索必然不是在现有的语文课程之外另起炉灶，而是将这一认识和理念贯彻落实到语文教育当中，在课程的建构上，有基于这一认识和理念的创造、创新，有面向未来的负责任的行动，同时也有对已有经验、成果的继承。

我们作为母亲的孩子，在母亲的子宫里吸收母体的营养发育生长，出生后吮着母乳在母亲的哺育、呵护下成长，母亲以及与母亲紧密相关的一切事和物曾经构成了我们成长的特有境遇和背景，给我们的一生打下了底色。我们长大了，无论走到哪里，离开母亲有多远，都觉得母亲的目光一直注视着我们，母亲的爱一直温暖着我们，母亲化身为一种强大的精神力量无时无刻不在鼓舞着我们，支撑着我们。母亲，是我们生命成长的源泉，也是我们生命前行的背景，这源泉和背景从生命传承甚至精神成长的角度定义了我们到底是谁。那么，母语教育是否也应该唤醒如母亲之于孩子一样的特有境遇和背景呢？回答是肯定的。

强调母语教育，也就是要强调语文学习的文化传承和精神涵养的价值，这在理念层面似乎早就有了定论，没有什么继续讨论的必要。但是，我们看看目前语文课程建设和实施的现状，就会发现，从操作层面来看，理念并没有转化为相应的行动。当我们把孩子们的语文学习仅仅看成是诸多语种的学习之一，而非与我们的精神生命有"血缘"联系的"母语"的学习时，我们就已经背离了母语教育追求，语文学习也就只能重复着无聊的"梦呓"，让孩子们迷失在与精神生命成长无关的读写训练当中。

强调母语教育，强调的不仅仅是一种生命关怀和精神传承的理念，还有与学生成长需求一致的课程生活方式。在操作层面上，就是让母语背后所包蕴的广阔的文化背景成为母语学习时的境遇之一，让母语学习以自然的状态与学生的"全生活"建立起联系，引领学生进入有联系的而非孤立状态的语文学习生活中。唯有如此，母语教育才能像母亲哺育孩子一样为学生的言语思维的发展、精神生命的成长提供源源不断的营养。

母语教育一定要为儿童的"全生活"着想，就如同一个母亲养育孩子，一定会为孩子的"全生活"着想一样。关于这一点，叶圣陶先生在近百年前就已经明确地指出来了。

1922年1月20日的《教育杂志》上发表了叶圣陶先生的《小学国文教授的诸问题》一文，这篇文章集中体现了叶老的阅读教学思想，也集中体现了他对母语教育的深刻认识和科学主张。他在文章中指出："教育所以可贵，乃在能为儿童特设境遇使他们发生需求，努力学习。所以国文教授也须为学童设备一种境遇，引起他们的需求。我常有一种空想，以为学科的分开独立，不适宜于小学教育。因为分开独立，易于忘却何所需此科；全部所习，复难得有统贯的精神；徒使学童入于偏而不全、碎屑而遗大体之途。理想的办法，最好不分学科，无所谓授课与下课的时间，唯令学童的全生活浸润在发生需求、努力学习的境遇里。……一切学科所以有学习的必要，就因为吾人处于必要那些学科的境遇里。担任国文教授的教师啊，你们为儿童全生活着想，固当特设一种相当的境遇，即为国文教授的奏功着想，也当特设一种相当的境遇。儿童既处于特设的境遇里，一切需要，都从内心发出。教师于这个当儿，从旁引导，或竟授与。这个在儿童何等地满足，安慰，当然倾心领受，愿意学习。

单言国文教授，教师决不欲勉强教学童以国文，须待他们有记录、发表、诵读、参考的需要时，然后教他们以国文。果真如此，成功的把握已有十之六七。"

　　叶圣陶先生的这段话以及他在这篇文章中所表达的观点和希冀，正好为我们指明了母语课程建构的方向。母语课程的建构，一是要"为儿童全生活着想"，教师要有儿童立场，课程要服务于儿童成长的需要；二是要立足于相互联系的"全生活"，为儿童"特设一种相当的境遇"——这与现今提倡的学科融合的理念是完全一致的；三是"全部所习"，要有"统贯的精神"，避免"偏而不全"，也就是要为学生拥有在未来社会获得人生幸福并为社会做出应有贡献的关键能力和必备品格服务。培养"全面发展的人"也好，培养"具有核心素养的人"也好，都包含在母语课程建构的愿景里。

第二辑

母语课程构建的逻辑和路径

母语课程构建的三个逻辑

任何课程的构建，都必须遵循一定的课程逻辑，否则就有可能沦为一堆课程内容的堆砌，目标不明，路径不清，实施起来杂乱无章，对学生的成长了无助益。母语课程要"为儿童全生活着想"，首先在课程构建上就要遵循以下三个逻辑。

第一个是理念逻辑。课程是理念的产物。任何一门课程的建构，都反映了特定的教育和课程理念，也即都以一定的指导思想为行动指南和依据。语文课程标准的前言中写有这样的话："语文课程致力于培养学生的语言文字运用能力，提升学生的综合素养，为学好其他课程打下基础；为学生形成正确的世界观、人生观、价值观，形成良好的个性和健全的人格打下基础；为学生的全面发展和终身发展打下基础。"这句话，三个分句，可以看作是语文课程建构的指导思想。紧接着，在"课程性质"之后，又专门阐述了"课程基本理念"，四条，一是全面提高学生的语文素养，二是正确把握语文教育的特点，三是积极倡导自主、合作、探究的学习方式，四是努力建设开放而有活力的语文课程。提出这样四条课程理念，目的就是告诉大家，语文课程从开放到实践，都要遵循这样的理念逻辑，不能天马行空，随性而为。

认识到语文教育是母语教育，基于母语教育的定位和理解，在尊重课程标准指出的"课程基本理念"的基础上，还要厘清母语课程所要遵循的理念逻辑。母语教育自自然然带有文化传承的基因，它强调"学习境遇"的作用，强调与学生"全生活"的联系，强调构建一种与学生成长需求一致的课程生活方式。（1）母语课程建构的理念逻辑应该来自对人与世界如何建立积极联系的认识和思考。万物关联，相辅相成，我们对世界的认识不是通过相互割裂的学科眼光，而是整体的、综合的、联系的眼光。母语学习无论是自然习得的状态还是精心组织规划的课程生活，都应该与人们认识世界的本真状态相一致，这样才能使得母语学习拥有"统贯的精神"，契合生活的需要和真实。(2) 母语课程必然重视母语文化的浸润与涵养，让学生在积极的母语实践中发现、感受母语文化所带来的情感体验、审美体验和认识世界的体验。这一点还要求母语课程要重视传统优秀诗文的诵读、积累和沉淀。(3) 母语课程要有开放的视野、包容的态度，引领学生从不同维度来丰富自己的生活和识见，要发展学生的批判思维和创造精神。

这一理念逻辑要求母语课程要"为儿童全生活着想"，与学生的生活紧密关联，来自生活，服务于生活。母语学习应该是学生生活的一部分，一种方式，一种自我实现的途径，学习的内容除了囊括有序列的语文本体性知识和技能，还应囊括几个基本的生活和文化领域，例如认识自己、历史时空、艺术生活、生态环境等等，并按照这些领域进行主题选择和课程内容的组织。

第二个是目标和内容逻辑，也就是基于课程标准的语文学科自身的逻辑。作为母语教育课程，无论使用怎样的教材或学习内容，循序渐进的本体性知识和技能的习得，言语思维的发展，始终贯穿其中，不能缺位，不能杂乱无章。这一点与语文课程标准的思路是基本一致的。

目标和内容逻辑要求在课程开发时，要厘清不同年段和年级在听说读写书、字词句段篇上，怎样的目标定位是科学的，什么样的内容是适切的。低年级要以字词学习为基础培养学生的读书兴趣，发展学生的形象思维；中年级重视段的认识和学习，开始关注学生言语逻辑思维能力的培养，为篇的读写奠定基础；高年级不仅要读懂篇的逻辑结构，还要从不同角度来欣赏文章，学会独立思考，发展批判思维……这些是一般的、大致的情况，母语课程在目标和内容上要更明确地指向学生的需要和发展，不仅有序列的考量，而且是学生能理解和共鸣的。

第三个是儿童成长逻辑。儿童成长逻辑与理念逻辑、目标和内容逻辑紧密关联，对课程内容的设计、选择、组织产生直接影响。学生在不同年龄阶段、不同境遇里对母语学习的兴趣和需要，以及认知、思维水平发展的现状和规律等，是母语课程内容选择和目标定位的最终依据，它要求母语课程呈现真真切切的儿童立场。

儿童的身心发展既有普遍的规律性，也受多方面情况的影响。儿童成长逻辑要求母语课程从目标定位到内容组织到实践方式，都要契合学生的身心发展特点，并且还要根据班级学生正在经历的"境遇"和表现出来的需求进行教室课程的灵活调整。母语学习的对象是人，即使是现代学校教育将相同年龄阶段学生安排在一个年级，再按一定人数安排在一个教室里，在相同的时空中使用统一的课程和标准实施教育教学活动，教育教学实践也不能无视每个学生实际上存在的差异性。教育教学始终是一个处在未完成状态的行动。一位教师只有既能从宏观角度来探索和理解教育教学，又能从自己面对的具体教育教学情境深入思考，然后采取有自主意识的行动，其教育行为才有可能带有批判性、创造性，才有可能符合真实的学情，对学生成长的价值达到最大化。母语教育要避免简单地教学书本上的知识，教师要在充分理解课程内容对于具体学生母语学习和心理成长的独特价值的基础上，借助具体的课程内容的实施，创造学生成长需要的、丰富多彩的教室课程生活，保证学生真正拥有"自己的"母语学习经历和体验。从儿童成长的一般规律性出发，同样是"认识自己"这一领域的学习内容，在文本选择和主题定位上，四年级要引导学生侧重于对自身身体和生活技能的认识和反思，五年级要引导学生关注和反思与大人在生活中的对话与分歧，理解不同立场下的观点和态度，六年级要引导学生善于从他人的故事中发现自己，反思自己，思考看似宏大的人生话题。如果教师所面对的具体班级的儿童，在自我认知上，并不与这样的一般规律性相同步，那么在文本选择和主题定位上，就要以学生为中心进行重新考量和调整。

理念逻辑解决的是课程终极目标定位问题，也就是母语课程到底要指向怎样的培养目标，它对学生综合素养的提升应该承担怎样的职责。母语教育与学生的"全生活"关联最紧密，创造多学科自然融合的教室课程生活，全面发展学生的心灵，循序渐进培养学生的人文情怀和科学精神，以及形成语文综合素养——言语能力、批判思维、母语情怀和文化审美，是母语课程应然的追求。内容和目标逻辑解决的是课程如何编织具体的语文学科本体性目标内容，如在什么时候学习掌握哪些字词、句式，习得哪些读写策略，言语思维应该达到怎样的水平，运用具体的语文知识和能力解决哪种类别、层次的问题等。儿童成长逻辑对母语课程的组织形态、主题选择、"境遇"创设等提出了要求。例如，如果从《翠鸟》这样一篇算得上经典的文章出发，为三年级的孩子进行具体的母语课程的建构，我们就要考虑学生需要怎样的学习背景作为支撑，才会主动参与课程生活的创造。把课文的研读放在对春天鸟儿的观察、研究的背景下，以"一鸟一春天"为主题，组织设计逻辑清晰、丰富多彩的课程生活，就成为儿童立场的选择。

　　三个逻辑共同支撑母语课程的科学构建，理念逻辑和儿童成长逻辑最终都通过课程目标和内容呈现出来，并在课程实践中得到落实。它们的关系如下图所示——

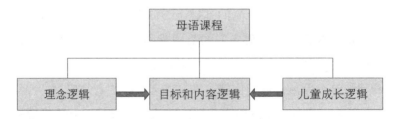

母语课程构建的四个特征

逻辑框架下的母语课程应该具有以下四个特征。

第一，突破学科壁垒，以联系的眼光看待母语学习，让母语学习真正回归生活，融入生活，创造生活。

生活中无处不在的母语，却要关起门来，在一本教材里、一篇篇课文里汲取她丰富的营养，只能是奢望而已。母语课程应将母语学习与学生真实的生活境遇紧密联系起来，创造一段与学生的成长紧密联系的、多学科关联的课程生活，突破学科壁垒，实现自自然然的学科融合，让学生感受到母语学习是真正回归生活并创造生活的学习活动。例如，学习《桂林山水》，从语文本体性知识和能力目标出发，认识总分总的结构形式，再体会山水的特点及其表现描写山水特点的写法，对于学生来说，与生活是隔离的，没有需要也就缺乏兴趣和内动力。如果以《桂林山水》为起点，构建主题为"跟着美景去旅行"的课程，将适合学生阅读的、描写全国各处美景的文章组织起来，设计跨学科的、多维拓展式的学习活动，课程就变得有意思了。基于四年级学生大多有过跟父母旅行的经历和经验，我们可以开展边读文章边在地图上找景点、规划新的暑期旅行路线图、探究自然景观形成原因、推介自己游览过的自然景观、欣赏并学习风景画等活动，各项相互联系的活动为学生的母语学习创设了特定的"境遇"，读写目标也变成了学生生活创造的需要。再如，学习现代诗《龙》，构建"中国龙文化"课程，以母语学习为中心，拓展有关龙文化的探究活动以及相关的音乐、美术活动，创造一段丰富多彩的龙文化课程生活，学生学得有味，所得更加丰富深刻。从一篇经典文本出发进行多维拓展，从不同维度建构"有联系的"母语学习生活，引导学生发展"联系"的观点，学会学习，主动探究，全面发展。

第二，以"特设的境遇"确保儿童的言语成长获得丰富的生命特征。

叶圣陶先生特别强调为儿童的学习"特设一种相当的境遇"，当这"特设的境遇"不仅作为母语学习的背景，同时也成为母语学习的过程、内容甚至目标追求时，儿童的全生活就自然而然地得到了关注，儿童的言语发展和成长就获得了丰富的生命特征。

以教材文本《小书包》（一年级）的学习为例，识字写字、朗读是语文学习的本体性目标，但不是"全生活"的母语课程学习的全部。围绕"小书包"，也不仅仅是再了解一下自己的书包里有些什么，学习整理自己的书包，小书包在儿童的生活里还应有更多有意思的"境遇"。教师进行课程规划时要具备宽广的视野，以教材所提供的线索和思路为起点，但不能囿于此，而应积极关注儿童在这一主题下生活的不同维度、成长的不同期待，保障儿童的母语学习拥有丰富多彩的生命体验。这些维度是相互联系的，却是"不分学科的"，语文维度（儿歌、故事）固然是最重要的，但不可忽视艺术维度（音乐、美术）、生活技能维度（整理、清洁）、历史维度（书包的发展变化）、科学维度（书包功能的猜想）等等。我们希望以这首儿歌的学习为起点，使每个孩子眼中的书包开始拥有生命的温度，能创造出更加积极的、丰富多彩的生命故事。这就需要我们将相互联系的不同维度的学习活动以课程的形式进行整合和规划，创造一段深入儿童内心的教室生活。而我们完全不用担心分学科进行的"考试"，因为我们的思路是清晰的，课程生活是为儿童的全面发展建构的，正如叶圣陶先生所言："这个境遇，范围自然很广，不仅为欲达某一学科的目的而设。可是分析地考查它的结果，则各科的目的无不达到。"

相反的例子也举一个。几位老师教学《一夜的工作》，考虑到学生不熟知周恩来总理，为了激发学生对周总理的崇敬和爱戴之情，几位老师都在"创设情境"上下了功夫，如补充有关周总理一天工作日程安排的资料，播放《十里长街送总理》的视频等等，然而课堂上并没有起到教师预想的效果。为什么会出现这种情况？原因很简单，这种为理解某篇具体文章内容而创设的情境本身，离学生的生活经验和知识体验依然很遥远，是有"境"无"遇"，是教师一厢情愿创设的"境"，不是学生母语学习需要的"遇"。我们不能将叶圣陶先生所说的"特设的境遇"，等同于为了读懂某篇文章而临时拿来使用的功利性的"创设情境"。真正的母语课程所需要的"特设的境遇"，包括为具体的学习内容和目标所做的情境铺垫，但不仅限于此，更包括真切的生活体验、知识背景的丰富、视野的拓展、思维的激活、"用武之地"的开发等等，当然还应包括新的言语生活的创造。

第三，凸显儿童立场，以儿童为中心构建课程生活，让课程生活始终为儿童的成长服务。

母语课程应始终以儿童为中心，建构有联系的课程生活，提升学生的母语学习和运用能力的同时，"发展儿童的心灵"（叶圣陶语）。例如，进入四年级，学生十岁了，开始有了探索身体和人际关系的需要，根据学生的年龄特征和身心发展的特点，可以构建"十岁的天空"主题课程。笔者主持编写的《十岁的天空》母语学习教材，课程内容分为探索身体、童事童趣、成长启示、感悟亲情四个板块，第一个板块以说明性文本、资料性文本为主，后面的三个板块有绘本故事、散文、小说、图文笔记等多种文本样式，其中经典作品占 2/3 以上。这些经典文本不仅是母语学习的典范，还是跨学科整合学习的触发器，蕴含有多方面的学习价值。如《冬阳·童年·骆驼队》，不仅可以延伸阅读林海音的《城南旧事》、观看电影《城南旧事》，还可以链接歌曲《梦驼铃》，进行艺术比较和欣赏等。探索身体部分，将应用型文体的学习与探索身体成长变化的活动融为一体，课程以母语为中心，拓展关联科学、数学、美术等，而这一切都是基于学生生活需要的，成为一段时间里真实生活的一部分。任务真实的实践活动，学习方式上的生活化、学科整合，使每个板块的学习成为教室生活的阶段性主题，儿童立场贯穿始终，自然地促进学生综合能力的发展。

第四，课程逻辑清晰，既不忘语文学科的"独当之任"，又避免了狭隘的语文本位思想，让母语学习生活变得丰富多彩。

清晰的课程逻辑，保证了具体课程的建构目标科学合理。一是有别于大主题的综合实践活动或项目学习，而是围绕母语学习这一中心进行课程的创建和实施。二是不仅没有忽视语文学科学习的目标，而且使得母语学习自然而然拥有了叶圣陶先生提出的"境遇"——"……不为学校有国文科而教授国文；宜为学童特设境遇，引起他们的需要、他们学习国文的动机，而后教授国文。"涉及生活和认识世界、探索世界的不同领域丰富多彩的课程生活，在避免狭隘的语文本位思想的同时，还能通过开阔学生视野，有利于发展学生的批判性思维，对"发展学生的心灵"起到积极的作用。例如，《历史的足迹》是一本以历史为主题的母语教育读本，在五年级编写、使用这一读本，是为了在教授母语的同时，帮助学生初步建立中国历史的全景视角，启蒙学生的历史观。让学生在历史叙事中学习母语，从事实上帮助学生从历史的维度促进母语学习与"全生活"建立起了联系。再如，在深秋时节，在开展以菊花为意象的诗歌晨诵时，很自然地创生出"菊花"课程，集中一段时间在教室生活中种菊花、赏菊花、对话陶渊明，文化传承与生活体验在母语课程中融为一体，使得母语学习生活不仅是丰富多彩的，更是意义深远的。

母语课程开发的四个路径

母语课程的构建，因为儿童生活的丰富多彩和成长的多维度需要，其开发和实践的路径不是唯一的，而是多维的、丰富的，教师可以根据自己教室生活的实际状态和需要，选择最契合儿童的一条路径或多条路径，这就避免了传统课程和教材组织方式的单一性。

第一，发掘经典文本的课程价值，构建多维拓展式的母语课程。

现实环境的束缚，使得多数语文教师很难完全脱离现有的教材，重新根据自己的课程理解来创造一套新的教室课程。这就要求教师能以教材文本为依托，通过创造性地使用教材来重构母语课程。

无论哪个版本的教材当中，都有很多经典文本，这些文本自身就是母语学习的典范，还可以从中提炼出合适的文化或生活主题，构建整合式的、开放的母语教育课程。下面以六年级教材中苏叔阳的《理想的风筝》为例，探讨可以怎样依托经典文本创生母语课程和教室生活。

《理想的风筝》是一篇以教师为主角的回忆性散文，既有特定的故事，又蕴含有特定的文化意象——风筝。先看故事。苏叔阳的刘老师给予学生的精神财富让他们终生受用，其他人笔下的老师形象又是怎样的呢？这就很自然地拓展到小学语文课本上很多关于教师的文本，如《一个这样的老师》《在学校的最后一天》《师恩难忘》《我的启蒙老师》等。这些文本在主题内容上有哪些共通之处？它们会给学生带来怎样的情感共鸣？同时，在表达策略上，从材料的选择与组织，到结构特点、细节描写等，又有哪些异同？这样，母语学习就不会囿于《理想的风筝》这一文本本身，而是面向一组文本，并经由这些文本的阅读，激活学生对自己曾经认识和熟悉的教师的回忆，并运用从这一组文本中习得的表达策略进行属于自己的故事书写和表达。

再看文化意象。"风筝"的意象特征是很鲜明的，"放飞风筝，放飞理想"已经成为人们心中共同的言语和精神密码。从意象维度拓展，可以引导学生在课下围绕风筝的起源与发展、风筝文化、风筝与理想等主题开展拓展性、综合性的学习活动，然后再回归文本的阅读分享，阅读就拥有了丰厚的生活和知识背景。接着，有关风筝的古诗词很自然地成为了拓展的一个维度。然后聚焦"风筝的故事"——每个人各不相同的经历中都有属于自己的"风筝的故事"，这些故事表达的思想情感会是一样的吗？正如学生们自己的"风筝的故事"与苏叔阳的是不同的，其他作家笔下的"风筝的故事"也都是属于他们自己的，具有独特的意义和价值。这样，鲁迅的《风筝》、朱成玉的《风筝的心》、王安忆的《风筝》成为了另一个维度的拓展，一起阅读《理想的风筝》后，再对比着读一读这三篇文章，让学生自己去发现——原来，不同的经历，不同的视角，呈现出来的是不一样的"风筝的故事"。第四个维度是艺术和生活，可以利用一天时间，让孩子们绘风筝（制作风筝）、放风筝，唱有关风筝的歌曲。

第二，根据学生成长需要自主开发主题课程。

强调语文是母语课程，就是因为母语学习具有自身的特点，它无处不在，且对一个人的精神成长和思维方式的影响极其深刻。这告诉我们，母语课程要关注学生的成长需要，一名对学生成长充满关切的语文教师，要有敢于从学生成长需要出发进行母语课程开发的勇气，要主动提高课程创生的能力。

小学四年级的孩子，开始在与自然的互动中尝试探索人与自然的关系，选择自己认识自然和与自然相处的姿态。这时候，就可以"人与自然"为主题，立足"为儿童全生活着想"的课程理念，创建母语课程。我们在"联系"的观点下，构建了四个板块的课程内容，编写了校本教材《一朵花的微笑》。第一个板块着眼于人在自然中的诗意栖居，选择表现人们亲近自然、享受自然的文本，唤醒或对接孩子们对自然馈赠的美好体验和感悟，为接下来从不同角度认识、探索自然，反思人与自然的关系，探求与自然和谐相处之道奠定最真切的情感基础。第二个板块立足于对身边自然物象的探索和认知，主要选择说明性文本和图文形式的自然笔记。文本尽量选自经典的自然科学书籍，如法布尔的《昆虫记》、巴勒斯的《飞禽记》等，用自自然然拓展延伸的整本书阅读激发孩子们自己的探索兴趣和实践行动。在这个板块开始引入有关自然的电影或纪录片，如《亚马逊萌猴奇遇记》等，通过视觉影像拓宽学生视野，丰富感知，引发思考。第三板块着眼于引导学生反思人对自然的所作所为所带来的破坏性后果，感知自然和人类活动、生活的息息相关，激发学生对自然的悲悯情怀和人文关怀。文本选择做到故事性和纪实性相结合，如《只有一个地球》《自然之道》《寂静的春天》等。第四板块很自然地就是人们积极探索与自然和谐相处之道的文本，引导孩子们从小用行动来关心自然，促进自身与自然的和谐相处，如《绿色千岛湖》《与自然和谐相处》等。

根据学生的成长需要，晨诵课程既关注传统优秀文化的传承，同时让晨诵融入儿童的日常生活体验当中。我们一边用心实践，一边用心编写"诗润童年"系列晨诵读本，分别适用于低年级、中年级和高年级。低年级聚焦童真童趣，主要选择浅显易懂的古诗和童真烂漫的儿童诗；中年级关注"生活中的诗"，主要选择与农历节气、节日和传统文化意象有关的诗文，辅以经典的、适合学生积累的现代诗歌、散文诗；高年级以中国历史为背景，聚焦文学史上的经典作品，按时间线的顺序选择适合学生诵读的古诗文。这么做，正是基于母语学习和传承上的考量。

自主开发的母语课程既要考虑语言文字运用学习的适切目标，还应有成长价值，有人文情怀，能启蒙儿童的社会关切。

第三，以现有教材为依托，进行母语课程的重构。

传统教材的运用，若求其妙，则存乎一心，同样可以通过创造性的重组、重构，让师生共同拥有一段精彩的母语课程生活。重构可以在一个单元内部进行，也可以突破单元或教材编写的原有顺序展开。下面举一个突破原有单元进行课程重构的例子。

统编版一年级语文教材第一篇课文是《秋天》，简单的几句话，引导孩子们通过秋天的两个典型景象认识秋天的到来。对于成人来说，这是一篇极其简单的短文，似乎没有什么值得阅读的；对于孩子们来说，可就不简单了。如果仅仅关注我们常常强调的"语文本体性目标"，这篇文章的价值不过是识得几个汉字、读通读懂几句话、认识"一"的几个读音，再加上认识秋天到来时的两个典型景象而已。我们回归儿童的生活世界，这样的母语学习目标的定位是不可或缺的，但也容易很快让儿童产生厌倦情绪，因为它失去了儿童所企盼的情趣，忽视了儿童从这篇文章内容信息出发探求世界的欲望需求，禁锢了儿童言语思维发展的"境遇"。首先，秋天不在书本上，而在自然中，在生活中，课文只是一个出发点。学习《秋天》的时候，正值季节的脚步踏入秋季，树叶和大雁正如课文中所描述的那样经历着自己的生活。这个时候，就需要"特设一种相当的境遇"——让孩子们走入大自然中，让母语与大自然发生"联系"，建构儿童自己的认知，丰富儿童自己的体验。教室是课堂，但课堂决不限于一间教室。走入大自然，孩子们就会有新的发现，秋天不仅只有黄叶的飘落和大雁的南飞，他们的"境遇"会在与大自然的亲密接触中拓展开去，会建立起更加丰富的关于秋天的认知。我们还会发现，儿童的思绪会从秋天荡漾开去，会联系到春天、夏天、冬天。如此，课本中的《江南》《四季》这两篇课文也就顺理成章地成为"特设的境遇"的一部分，成为此时母语学习的应然内容和必然需求。如果儿童自己在这期间还联想到了其他的文本（比如关于四季的绘本等），进一步的拓展也就成为了"全生活"的有机组成部分。我们提了许多年的"用教材教"也就不再囿于学科之内的知识和能力，而是教学生从教材出发，发现并经历相互联系的、丰富多彩的母语生长的历程，使"拥有烂漫的童真童趣、广博的智力背景、丰富的情感体验和活跃的思维状态"通过课程的建构与实施成为现实。

第四，科学构建故事课程。

故事是母语传承最自然、最朴素的方式。母语课程应该关注故事的母语学习价值，精心选择故事，上好故事课，开好"故事会"。

一种形式是故事听读课程。从"全生活"理念来看，故事听读课程具有不可替代的母语学习价值。听读是把书面文字用声音的形式表达出来，这样的声音具有组织性、逻辑性和文学性，所以听读活动的开展对孩子们而言，是获取信息的渠道，是培养语感逻辑思维能力的重要途径，还是培养讲故事和思维表达能力的绝佳示范。听读课程的目标定位聚焦四个方面。一是运用文本本身的独特信息点设置悬念，引导学生参与文本（故事）的建构，成为文本的创造者，学习文本建构和故事讲述的一般策略；二是运用联系中的语言信息暗示进行语言实践，培养语感；三是运用对话策略引导学生进行角色自居或体验，加深人物感悟，丰富情感体验；四是在对话中有意识地进行思维训练，鼓励学生突破惯性思维和线性思维，培养发散思维和批判精神。这些教学目标的具体落实，不同学段的侧重点不一样，低学段借鉴绘本教学的猜读策略，以激发兴趣为主；中学段侧重情感的体验，人物的评价；高学段要求全面落实上面提到的四个方面目标。

听读课程选择具有多维学习价值的故事文本，以教师读、学生听的方式展开。从课程意义上来说，"故事"并不仅仅指的是有情节的文本内容，还是一种课堂生活形态，一种诠释和认识世界的方式。故事听读过程中，教师运用停顿、提问、重复等策略，引导学生从不同角度关注故事，实现培养语感、建构情节、发展思维的课程目标。

另一种形式是整本书共读课程。当整本书以故事的真面貌出现在母语学习生活中，就不会存在儿童有没有阅读兴趣的问题。母语课程生活中，整本书参与儿童成长的方式，既是诗意的，又是理性的。诗意指的是共读内容契合学生年龄特征、兴趣倾向和心理诉求，这样的整本书阅读与学生独立自主的闲适性阅读没有明显不同，都能带来安全、轻松、积极的体验。理性指的是共读的过程和目标都带有设计感，都被纳入到课程意义上的监控、评价中，需要在知识获得、能力提升、策略和方法运用、思维发展、审美创造等目标维度收获一定的成长。达到诗意与理性的共生，通常的操作方式是将共读纳入到一段完整的主题课程生活当中。例如，四年级展开"成长故事"主题学习的时候，《特别的女生撒哈拉》同时进入课程生活；《射雕英雄传》是"历史的足迹"主题课程的一部分。

故事是人类生命叙事的一种方式，让故事重回课堂，用最简单、朴实的方式还原母语传承的亲切姿态，契合学生生命成长的自然诉求，应该成为母语课程的一部分。当故事课程与读写训练结合的时候，它就为学生自己的故事讲述提供了源源不断的营养，促进学生成为具有个性的故事讲述者。我们教室中的作文课程就是母语课程生活的一部分，主体就是故事写作课程。

母语课程与文体意识、文学教育

一、文学教育需要文体意识

讨论这个话题，是因为母语课程的建构，离不开积极的文体意识，更离不开文学教育启蒙的意识。

作为母语教育工作者，稍加注意就会发现一个不争的事实：还谈不上大多数学生爱读书，甚至有些地方只是极少数学生爱读书。而且，他们爱读的基本上都是故事类文本，且是"好玩"的故事类文本。当然，考虑到学生的年龄特征所决定的兴趣倾向，学生爱读好玩的故事类文本这一事实无可厚非。从发展学生尽可能广泛的阅读兴趣，进而全面提升学生的语文素养着眼，我们不禁要提出疑问：为什么我们的学生从一年级到六年级都只钟情于好玩的故事类文本？提出这样的疑问，不是要在此讨论课外阅读推广与指导，而是要立足母语课程建构来研讨相关问题。所以，我们必然要提出另一个疑问：教材中不乏文质兼美的文本，而且是不同体裁的各类文本，诗歌、散文、小说、戏剧、科普小品等等兼而有之，可是，即便只针对故事类文本而言，正是因为教师教学行为的介入，学生竟对其了无兴趣了，这是为什么呢？笔者也曾被这一奇怪现象困扰了很长一段时间，并且尝试着从各个方面寻找原因，以期找到改变这一困局的良策。

"众里寻他千百度，蓦然回首，那人却在灯火阑珊处。"就像是突然来了灵感一样，文体意识就那么不经意地跳到了眼前。继而，与文体意识紧密相关的文学教育启蒙也进入了视野。经历了"大胆的假设，小心的求证"（胡适语）的学习、实践和反思的过程，渐渐地，问题变得明朗起来，感觉找到了阅读促进"悦读"并有效提高学生阅读能力，进而全面提升学生语文素养的"金钥匙"——科学选择和使用文本，在教学中渗透文体意识，并以此为切入点，对学生进行文学教育的启蒙。

对于广大一线语文教师而言，这里有必要明确一下两个概念，一是文体，一是文体意识。简单地讲，文体就是文章的话语体式和结构方式。文体的产生与表达的需要紧密相关，因为作者在通过文字表达自己的思想意图时，必然要考虑运用什么样的话语体式和结构形式才能更好地达成表达具体意图的目的。随着时代的发展，文体形式也在不断地发展和丰富着，文体的划分因标准不同，而出现了不同的分类方法。一般而言，从不同文体的整体特征出发，文学类文体大致分为诗歌、散文、小说、戏剧等类别。当然，从不同的角度切入，划分的标准不同，分类也会不同，比如从文学与人心理结构的关系上分，又可以分为再现类、表情类和表意类。这里我们不做深究。关键在于，文体不同，文本运用的具体话语体式便有差异，涉及不同的作者，其作品的风格又各具特色。所以，早在曹丕的《典论·论文》中即有论述："夫文本同而末异，盖奏议宜雅，书论宜理，铭诔尚实，诗赋欲丽……"文体的不同，必然带来阅读体验和感受的差异。成熟的读者阅读不同文体的文本，往往都会相应地做好不同的心理准备，采取不同的阅读姿态和方式。这就涉及了文体意识。文体意识指的就是人们在文本写作和欣赏中，对不同文体模式的自觉理解、熟练把握和独特感受，是对读写实践的一种能动的再认识，它具有主体性、导向性，直接影响并决定着人们读写实践的成效。

我们知道，学生并非成熟的读者，他们的阅读旅程是一个在教师的引导下不断成长的过程。这个过程必然伴随着对文体的感知、体认，伴随着文体意识的逐步习得和沉淀。要真正提升阅读教学的品质，教师必须具有基本的文体意识，必须了解不同文体表达上的特殊性，根据具体的文体和文本确定教学内容，实现教学内容的科学性和独特性。在这个过程中，教师还要以文体意识的渗透为切入点，对学生进行文学教育的启蒙，使学生在感性地逐步了解各种文体特点的基础上，发展阅读兴趣，拓宽阅读视野，提升阅读品味。

文体意识的培养与文学教育的启蒙在语文学习乃至学生的生命发展中都十分重要。当我们把目光集中到阅读教学现实的状况和应然的诉求上，便会促成同为母语教育工作者在这一问题上的共识。

二、文体意识是怎么弄丢的

很可惜，在过往很长的一段时间里，我们的基础教育，尤其是小学的阅读课堂是见不到文体意识和文学启蒙教育的。母语学习中忽视不同文体的不同特性，一直以来根本就不为广大语文教育工作者所觉察。细究原委，大致有以下几点：一是高考指挥棒的导引。历年来，高考作文几乎都有"文体不限"的提法，或者是"除诗歌外文体不限"。既然连"决定终身"的高考都不在乎文体，以学生的考试分数为最高追求的语文教师当然就不必在意文本体裁、语体、风格的区别了。二是语文教师自身文学素养的欠缺。这在目前，乃至今后很长一段时间里，都是一个很难改善的状况。我们小学师资的整体水平堪忧，既有历史的因由，也是现实的悲哀——师范院校招收的多是高考分数偏低的考生。更为现实的是，我们的大多数学校缺失教师读书的氛围，教师阅读的荒漠化使得教师文学素养普遍缺失，语文教师普遍缺少母语热爱和母语情结。三是许多教育工作者在"发现儿童"上的本位主义甚至无知，导致他们怀疑儿童文学教育的可行性，更不愿意进行儿童文学教育的实践和探索。四是教材组元方式的影响。我们的语文教材多以主题方式组元，结果因为教师对课程理解的浅表化，导致他们教学中关注的多是表面化的主题，而忽视了文本的文体区别。教学也多围绕主题做文章，忽视了单元内不同文本文体形式的特点和之于语文课程本身学习的价值。

如此带来的后果是十分严重的。我们总是困惑于学生为什么不爱读书，其实是整个社会都缺乏读书氛围、缺乏文化气息的缘故。如果我们教师和家长都具有文化育人、文学育人的意识，让孩子从小就爱上读书，或许我们就不必担心孩子们会沉迷于网络游戏、电视娱乐了。再来聚焦现今的阅读课堂，毋庸讳言，主流仍是千课一面、死气沉沉，毫无生命征象。事实上，教材中的文本，文质兼美的很多，经典的也不少，为什么我们的学生在课堂上总是学得了无趣味，毫无兴致？根本原因不关乎教师的教学技巧与风格，而关乎教师忽视了文本本身的特性，尤其是忽视了文本的文体特点，更忽视了不同作家作品的不同风格。这样一来，所有的课文都可以套用同一种教学模式和流程。没有教师的"引导"，学生或许还能读出不同文本的不同味道来，有了教师的"引导"，所有的课文都成了一篇课文，学生读不出新意，课堂阅读便成了一种煎熬。长期在这样的课堂上"活受罪"，学生不爱读书也就理所当然了。不爱读书，当然也就不会读书；缺乏文体意识的启蒙，当然也就得不到文学教育的启蒙，学生也就无法享受到阅读带来的丰富多彩的情感体验。作为学生的我们，学习了十多年的语文，竟然没有从课堂上了解一部文学作品，喜欢上一位作家，"不知李杜，无论中外"，何其哀哉！及至如今，我们的学生仍然因为我们这些教师的"兢兢业业"而重蹈覆辙，生命意识干瘪，情感世界荒芜，孩子何谈成长，民族何谈发展！

三、重新被发现的文体意识

当我们的语文教学在争论中逐渐接近母语学习之"真谛"之"根本"的时候，终于看到文体意识和文学启蒙教育引起了母语教育工作者的重视。首先我们可以从 2011 年修订版的语文课程标准中见出端倪。

修订版课程标准加大了对文体意识的关注，反映了文学教育的觉醒。这一点越往高年级越加明显。我们可以看到，修订版课程标准阅读目标与内容中，与文体意识渗透相关的表述占了很大比例，第一学段有3条（4、6、7），第二学段有3条（6、8、9），第三学段也有3条（5、6、8）。其中，第一学段将实验版中的"诵读儿歌、童谣和浅近的古诗"改为"诵读儿歌、儿童诗和浅近的古诗"，表述更加科学规范，因为童谣和儿歌之间没有明显的文体界定与区分，而儿歌与儿童诗各自具有比较鲜明的文体特质。而第三学段第5条明确指出了"叙事性作品""诗歌""说明文"等不同文体的阅读内容和方法。综合看来，从文体角度考虑，课程标准给出了这样的信息和定位：第一学段以阅读浅近的童话、寓言、故事、儿歌、儿童诗和浅近的古诗为主，第二学段主要对叙事性作品提出了阅读理解方面的要求，第三学段分文体提出了不同的具体要求。

全国小语会崔峦理事长在全国第九届青年教师阅读教学观摩活动开幕式上的讲话中，也明确提到了文体意识："……使所上的课是那个年段的，符合那一类课型的，符合那一种文体特点。"

正如我们据此所期待的，文体意识开始在一些教师的教学认识和行为中觉醒了。例如，由一些教学期刊或学校教研团队组织的围绕文体展开的教学探讨开始多起来，"小小说怎么教""散文怎么教""儿童诗怎么教"等等，都开始成为课堂探讨和实践的课题。这一觉醒必然会给我们的阅读教学带来充满生命活力的曙光，我们的课堂开始因文本的不同而变得多姿多彩，精彩纷呈，学生常常会在这样的课堂上收获阅读带来的惊喜乃至与生命旋律产生共鸣的体验。

但是，仅仅从学习与文体紧密相关的"读法"层面关注文本体裁，关注文本的语言结构和表达形式，这种"见木不见林"的做法还不足以从促进学生言语生命成长的高度给予母语课程以应然的地位。其实，母语教育应该承担起文学教育的使命。这得从两个角度来分析。一是立足于母语课程的核心任务，即学习语言文字运用，以文体意识的觉醒为切入点的文学教育是不可或缺的，只有这样的语言文字运用的学习才是具体的、真实的；二是立足于学生的情智发展，明确的文学教育的定位是不可或缺的，因为文学即"人学"。因此，关注文体，关注文学教育启蒙的母语课程，至少还应努力达成这样的学习目标：学生在课堂上读了小说，便激发起课下读小说的欲望；在课堂上读了一篇精美的散文，就希望课下能找些这样的散文来读。甚至，读了某个作家的一篇文章，便期盼着能读到他的更多作品。——阅读，因为我们的阅读教学，在不知不觉中自自然然地成为了学生言语生命成长的基石，成为了学生精彩人生的开始。

在此我们不妨说点题外话（或许并非题外话）。曾获得过物理学诺贝尔奖的居里夫人是一位科学家，一般而言我们很难将她与文学联系起来。但是，凡是读过《居里夫人自传》的细心读者都会发现，如果没有从小就受到文学的启蒙教育，居里夫人的人生或许就会改写。她在自传中这样写道："我父亲非常喜欢文学……每个周末晚间，我们都围在他的膝下，听他给我们朗诵波兰的著名诗歌和散文。这样的夜晚对于我们来说其乐融融，而且爱国主义的情愫在不知不觉之中日益增强。我从少年起就喜爱诗歌，并且能够背诵我国伟大诗人们的大段诗篇……"也许正因如此，居里夫人的情感世界才那么丰富，她的自传才写得那么引人入胜吧。

母语课程必须承担起文化建构的任务，尤其是母语文化建构的任务。这种基于人的更好地、全面地发展之需求的文化建构，必须也只能在语言文字运用——尤其是阅读的实践中沉淀和内化。重视文体意识的渗透，在阅读实践中初步感受不同文体的文学特征，学习不同文体文本的阅读方法，体会不同文体的表达特点，渗透文学教育思想，可以从认知和体验等方面为学生多读书、多积累奠定更加坚实的阅读心理基础，积淀更加丰富的母语营养。

四、母语课程如何渗透文体意识

文体意识在教学中的渗透是文学教育启蒙的必需，是以阅读教学促进学生"悦读"的一条必由之径。那么，我们的阅读课堂应如何渗透文体意识，又如何在此基础上对学生进行文学教育的启蒙呢？

虽然在语文学习过程中学生始终是学习的主体，但在文体意识的渗透上，我们更需要强调教师的作为。教师自身是否具有足够扎实的文体知识和足够丰富的文体阅读经验，是决定其在阅读教学中能否科学渗透文体意识的关键。不同文体在话语体式和结构形式上具有不同的特征，这是因为作者在创作不同文体的作品时"编码"方式是不同的：诗歌重意象，散文扣主旨，小说塑人物，童话离不开想象，寓言为理叙事，戏剧要设置冲突……如此种种，作用于读者的阅读，则需要具有相应的

"解码"策略才能与作品、作者展开流畅、深入的心理对话，获得相应的、满足而愉悦的阅读体验。从这一点上说，"要给学生一杯水，教师要有一桶水"的要求是科学的、必要的。同时，教师肚子里有货，还得倒得出来——要能将知识和经验转化为教学行为中的积极能动的因素，转化为教学资源，渗透于教学目标和内容当中，为学生更好地学习服务。

如果教师不明白列夫·托尔斯泰的《跳水》是一篇小小说，就会将孩子和猴子作为主要人物来引导学生阅读，而忽视了船长才是作者着力塑造的人物形象。明白了《跳水》是一篇小小说，而且是学生在课本中接触到的第一篇文体特征鲜明的小说，文体意识的渗透和文学教育的启蒙就初步进入了教师的视野。接下来要做的就是如何做到"因体施教"，把小小说教成"小小说"。笔者在教学这篇课文时，从两个方面渗透文体意识，很好地对学生进行了文学启蒙教育。一是和学生一起梳理阅读历程中与故事情节发展相关的不断变化的情绪体验（有趣—担心—紧张—放松—紧张—放松—感动），从而感受到小说阅读的"刺激"；二是引导思考作者着力塑造的人物形象到底是谁，从而聚焦主人公既作为船长又作为父亲的丰满形象，给学生留下了深刻的印象，同时还体会了小说叙事结构中"蓄势"的表现手法。一节课下来，学生们一个个意犹未尽，嚷着要读更多的小小说，甚至有人已经做了起当小说家的梦。这样的教学，因为教师有意识地渗透了文体意识，"语言文字运用"的学习便有了实实在在的着力点，便有了"肥沃的土壤"，小小说的读法习得了，写法也初有体悟了，更重要的是读小小说的兴趣浓厚了。

朱自清的《匆匆》是一篇抒情散文。初读感觉作者信马由缰，细读才品出个中秘妙。作者从习见的客观事物和平常的生活情景中捕捉形象，倾吐自己对时日匆匆的切身感受。文章自始至终都被这一情感的丝线串连着，抒发作者在特定处境中的心绪与感兴，化抽象为具体，化思绪为形象，引领着读者不由自主地随着其思路对人生问题进行深入思考。这就是散文典型的"形散神不散"的特质。教学中，文体意识的渗透，就在于教师能引导学生深入文字读懂包蕴着作者浓郁情感的形象，体会文章的主旨，品文与化思结合，悟得散文意趣。

我们读诗，大都有过不吟不快，不诵不爽，不沉吟静思便难得入境入情的感受。这是由诗歌讲究节奏韵律，注重意象建构的文体特质所决定的。所以，课堂上无论是学习古诗词，还是欣赏现代诗，以读代讲，吟诵品悟，是教法和学法的不二选择。阅读《静夜思》《鸟鸣涧》《山居秋暝》《枫桥夜泊》，"月亮"这一意象，这一文化"符号"是不得不品味的；儿童诗中"儿童"的意象（《童年的水墨画》）、"儿童"的独白（《我想》）、"儿童"的修辞（多用比喻、拟人）、"儿童"的自我发现（童趣、童心、童思）等，是其教学价值赖以体现的独特的文学艺术特质。

当然，文皆有体，因体施教，并非仅仅从大的范畴将文本从体裁的角度作出划分，我们还要关注具体文本的个性特征，即引导学生体会不同文本的表达风格。这是随着年级的升高逐步体现和达成的，要做到循序渐进，水到渠成。同时，要让学生从感性的文体风格入手，"结识"古今中外个性鲜明的小说家、散文家、诗人……例如，仅人教版小学语文教材中就选入了冯骥才的三篇作品（《花的勇气》《珍珠鸟》《刷子李》）。作为语文教师，阅读冯骥才的散文，不是被其细腻真挚的情感所感染，就是被其细致生动的描写所吸引，而同样给人留下深刻印象的，还有他那总在结尾处自自然然又匠心独运地揭示主题的艺术手法。那么，能否通过这三篇作品的教学使学生进一步了解冯骥才的作品（尤其是散文）风格，进而激发学生自主阅读冯骥才作品的兴趣，就是一个值得语文教师深思的问题。的确，教师教学中有了文体意识，使得每篇文章都成为学生眼中独特的"这一个"，这样的阅读才是新鲜的，才是发展的，才是和着生命成长节拍的。文学教育的核心是情感教育，其中就有热爱母语的情感，而情感的发展与丰富正是生命质量提升的重要标志。从阅读到"悦读"，正是文学积极作用于情感的应然和必然。

正是基于以上的考量，母语课程的建构，要注重文体的丰富性，要渗透文学教育的因子。这一认识都会体现在母语主题课程读本的文本选择和组织上。

多维拓展式母语课程构建思路

前面讲到母语课程开发的四个路径，其中一个是发掘经典文本的课程价值，构建多维拓展式的母语课程。这一课程开发的逻辑意义和具体思路是怎样的呢？

学习真正发生的课堂本质上应该是生成性的，是多维的，开放的。从不同角度对一个文本进行解读，挖掘其不同的课堂教学价值，现实中我们谈得较多，但在课堂上真正从多维度鼓励、引导学生研读文本的却很少见到。因此，我们的孩子在阅读课堂上，一直被进行着碎片化思维、线性思维和封闭思维的训练，缺乏思维的广度和深度，发散思维的形成仅仅成为口号而已。同样，拓展阅读也经常被提及，但大多是在主体文本学习之后，由教师来布置拓展文本的阅读；很多情况下，这种表层的拓展并没有真正落实，不过是作为一种点缀在课堂上昙花一现。而且，这种表层的拓展，没有触及"拓展"的本义，即使关注了，学习的价值也大打折扣。

母语课程，作为一门对于促进人的生命成长最重要的人文学科，离不开开放的视野，多维的视角，拓展的视域。因为一个人生活质量的提高，需要拥有丰盈的生命体验，需要广博的智力背景，需要丰富的情感体验，需要丰润的精神滋养。多维拓展式母语课程顺应了学生言语生命和精神成长、开放视野和思维发展的需要。

一、为什么强调多维拓展

为什么要强调多维？任何事物都不是孤立存在的，它与周遭的事物，与这个世界时时刻刻发生着千丝万缕的联系。当你从不同的角度来审视它，探究它的时候，会发现，角度不同，风景各异。阅读本身是一个与文本展开对话的生命互动的过程，一个文本会从多个维度给读者提供信息，带来感悟和启发。文本会点亮读者不同的兴趣点，让读者产生不同的需求，从而引导读者走向不同的阅读路径，探寻不同维度的风景。虽然课堂上的阅读学习与生活中的自由阅读有所区别，但毋庸置疑的是，课堂阅读正是为了培养阅读兴趣，学习阅读方法，发展阅读和表达的能力，提升自由阅读的境界。如果课堂阅读教学一味地在封闭的空间里和封闭的思维模式中进行，对学生的阅读生活而言，积极作用就难以显现。开放的阅读心态，多维的阅读视角，使阅读变得有情有趣，变得更有意义和价值。

为什么要拓展？学习活动中的拓展，与1995年才引入国内的"拓展训练"这一体验式培训范畴的概念联系紧密，属于综合性概念。它以自主体验为基础，强调综合活动性、挑战性和集体中的个性，在学习中的核心价值可以概括为自主发现、探索学习、自我超越、认知整合和合作共赢。显然，这与我们在阅读教学中经常见到的单一的内容拓展是完全不同的。真正意义上的拓展阅读至少包括发现与体验、分享与交流、整合与应用三个环节，它是从内容到形式，从方法到过程，从行动到评价的全面的开拓与发展，指向学生阅读能力和品质的整体发展与提升。

单篇文本的阅读，无论在哪个具体的读写目标的达成上，其力量都显得有些单薄，更不用说语文综合素养的形成和提升了。例如诗歌中"月亮"意象的建构，散文中情感形象的抒写，小说中环境描写的运用，甚至一些典型句式的表达特色等等，单篇文本的阅读只能打开一条缝隙而已，只有足够数量的相关文本形成合力，才能逐渐沉淀为属于学生自己的认知、能力。

一篇文本到底有没有拓展的价值，从哪些维度进行拓展合适，考量的标准主要关注两个方面：一是文本传递的主要信息和价值取向，包括具体而个性化的读写目标；二是学生与文本对话过程中产生的兴趣点和共鸣点。这两点相结合，学生自主的发现使探索学习具有明确的主体意识，分享与交流过程中的相互启发成为自我超越的能量场，整合与应用就有了鲜明的目标意识，语文整体素养的提升伴随着学生学习的自我需要，得到了最大的保障。

多维拓展式母语课程构建将真正关注学习活动的开放性和生成性，珍视学生自主发现、自我超越的价值，有意识地让学生们超越已有经验，突破线性思维，以一种超越性的理念去理解母语学习；它指向母语学习的本质，让母语学习的意义自然呈现在学生面前，让对话自由展开，学习过程中，学生真正拥有自主规划、自由想象、自我探寻的权利；它努力让学生形成既基于自己的理解力，又走向开放、多元的积极探索未知的学习意识——这种学习意识会沉淀为一种素养，成为一个人真正成长的标志。

从上面的阐述中可以看出，一段多维拓展式的母语课程生活，必须有一个具备多维拓展价值的文本为依托，这样的文本可以称为教学经典文本或"基地"文本。从一个教学经典文本出发，使多维与拓展在母语学习过程中自自然然地融为一体，经由发现与体验、分享与交流、整合与应用的学习历程，再回归经典文本，总结其间的收获，回味一段学习旅程的点点滴滴，学生的读写体验就会丰富一些，言语生命就会丰盈一些，语文素养就会丰厚一些。

二、怎样进行多维拓展

多维拓展式阅读教学的落实首先需要教师的精心规划。这里的精心规划不是为学生设计好所有的活动内容和细节，而是选择好作为"基地"的经典文本，引导学生在经典文本的对话过程中自主发现可供探究的不同维度，选择拓展的不同方式，进行"为儿童全生活着想"的开放式阅读探究活动。下面我们以《梅花魂》的教学为例，探讨多维拓展式母语课程的实践路径。

1. 这是一个什么样的文本：多维拓展的价值考量

《梅花魂》是一个怎样的文本，主要不是从它的文学意义上进行考量，而是从文本阅读的教学价值上进行考量，也就是对文本进行细致周全的教学解读。与一般的文本教学解读不同的是，在解读过程中，要特别关注文本中蕴含了哪些具有阅读拓展意义的生成点，可以从哪几个不同的维度进行开放式的拓展学习。这些生成点和维度不是随意生发的，必须与"基地"文本的内容、主题、题材、体裁、表达方式等具有逻辑上的关联性，是学生的语文素养有序提升所需要的。

（1）《梅花魂》里有意象——梅花。

"意象"一词来自诗歌研究，指的是诗歌中寄寓了诗人主观情感的具体物象，这一物象在诗歌语境中创造出特定的意境，引起读者情感上的共鸣。《梅花魂》不是一首诗歌，而是一篇叙事性散文，为什么说其中的梅花属于意象呢？一是因为散文中的具体形象与诗歌中的意象在主题和情感表达上的作用是一致的，二是因为"梅花"与"魂"组合，已经在昭示着这里的梅花不再局限于作为自然物的梅花本身，拥有特定的精神意义，指向了意境。

梅花成为诗文中的意象，无论从物象特点还是从时代演绎的角度看，都有其必然性。作为"凌寒独自开"的花中君子，为世人所赞、君子所爱、诗人吟颂、画家墨染，梅花作为自然物的意义逐渐与社会寄托的精神意义融为一体，成就了它作为诗文中意象的价值。中国的士子文人大都有君子情结，爱梅兰竹菊就是在明君子之志，于己修身，于国修为。《梅花魂》中的外祖父洪镜湖爱惜梅花图，爱的就是梅花的秉性，惜的就是如梅花秉性的民族精神，这在他向陈慧瑛赠梅花图时说的一段意味深长的话里表达得十分明白。

读明白文中的梅花意象并不难，如何运用这一意象，发挥其语文学习的应然价值，应成为教学的一种追求。作品中意象的形成，经历了一个从自然物到象征物演绎的过程，所以研读的视域要涵括自然物和意象，即：研读有关梅花的科普文章，深入了解植物学意义上的梅花；研读以梅花为意象的文学作品；欣赏以梅花为主题的中国画和评论文字。

（2）《梅花魂》里有文化——为什么是古诗词和梅花图。

《梅花魂》以梅花为线索，讲了外祖父的几件事，表达作者对外祖父的怀念的同时，主要表现了外祖父对梅花的挚爱，表达了身在异国的华侨眷恋祖国的赤子之情。读明白作者通过文章表达的主题和情感是很容易的事，因为这是"一望而知"的东西。但是，表现身在异国的华侨眷恋祖国的赤子之情，为什么要选择古诗词，为什么要选择梅花图，是值得引领学生研究的。也许，你可以认为文中所写事实就是如此，但仍然可以追问，为什么外祖父要教"我"古诗词？书房中那么多东西为什么最珍爱梅花图？我们还可以细究，作者几十年后回忆，外祖父诵的诗句、叮嘱我的话真的就如文中所记？没有出入吗？我们成年读者在第一时间就与文章表达的情感和主题产生了共鸣，就是因为文中这些事物背后的文化因子。

从眼前的文字到文字背后的文化，这是文本阅读应该深入的一个层次。因为任何母语的教育，都离不开母语文化的启蒙和浸润。

（3）《梅花魂》里有表达形式——借物抒情。

《梅花魂》中的梅花并不是作者描写和抒情的对象，它是线索，是寄托物。这是一篇借物抒情的文章——这就是表达的秘密，形式的秘密。借物抒情是一种常用的散文抒写形式，这种写法使表达的情感真实具体，易于引起读者的共鸣——睹物思人，是人人皆会经历的情感体验。学习借物抒情的表达方法，是阅读这类文章的重要读写目标。但是，学生要逐步掌握这一写法，仅仅靠一篇《梅花魂》是不可能的。因此，可以《梅花魂》为出发点，进行多篇的借物抒情类群文式阅读，进一步发现、感悟这一写法的一般策略，由读到写，有序迁移和应用，逐步习得这一表达方法，为构建属于自己的言语生命系统注入活水。

2.学习活动怎样展开：多维拓展的操作策略

选定了一个"基地"文本（经典文本），多维拓展式母语课程生活如何展开呢？

（1）发现与体验。

多维拓展式母语课程首先关注的是学生自主的阅读发现。学生与文本的对话，是一个互相发现的过程。这个过程中文本对学生的发现表现为学生的情感被激发，思维被调动，积累被激活；学生对文本的发现，从语文学习的角度主要指的是发现文本的内容和意义、语言和形式以及信息共鸣点等。学生与文本的相互发现是阅读教学展开的起点，教师要通过研究学生和文本，在准确把握起点的基础上，进一步发现文本之于学生母语学习的价值，在课堂对话中促成新的发现——学生、文本和教师三者的相互发现。这时的发现，为多维拓展指明了方向，开启了学习体验之旅。

以《梅花魂》为例，首先进入发现视野的是文本本身的内容和意义，即文本所叙的五件事，表现的"思归情，赤子心"。这一发现的深层意义是什么？是情感的体验，是对人类具有普遍意义的一种情感的体验——对家乡的思念。这种情感不分时代，不分地域，几乎是人类共通的，所以文中才有外祖父"吟诗流泪"的情景。这里自然埋下了一个进一步去发现、体验的伏笔，也就是表现思乡情的古诗词。文本本身展现的意义不是到此为止，这里的思乡情不是一般的思乡情，这里的故乡不是一个具体的小地方，而是自己的祖国。外祖父心中一直眷恋的是祖国，所以这份赤子之心的寄托物是梅花图，而不是其他。为什么是梅花图，而非其他？这一发现打开了另一扇拓展之门，即梅花意象。

文本内容和意义的发现通常能够由学生自己完成，语言和形式上的学习价值，一般需要教师的点拨和引导。《梅花魂》是一篇借物抒情的文章，梅花图是抒情的载体，是凭借之物。教师需要引导学生去思考，去发现：作者要表现的是外祖父这样的华侨眷恋祖国之情，为什么以梅花为题，为什么多次写到梅花图？这样，学生就会循着这个思路去发现和体验借物抒情的表达方法。

不同的发现开启不同的学习体验之旅，多维拓展成为学习的必然。以《梅花魂》为立足点和出发点，至少开启了三个维度的拓展学习：一是情感维度——思乡情，主要展开此类古诗词的拓展学习，以积累为主；二是意象维度——梅花，主要展开主题式项目学习，探究作为物的梅花与作为意象的梅花之间的联系，将语文的视野拓宽，说明文、诗词散文、国画鉴赏文成为阅读研究的对象；三是表达维度，拓展阅读典型的借物抒情文本，发现表达上的一般规律，以读促写，习得方法，形成能力。

这三个维度的拓展学习，都是从"基地"文本《梅花魂》出发，学习体验的展开根据内容和目标的不同有所区别。情感维度的，课下为主，以独立自主的方式展开体验学习；意象维度的，课下为主，教师提供体验学习单，小组分工合作，材料的搜集分工负责，材料的学习体验和运用合作共享；表达维度的，课内为主，拓展阅读，对比中进一步体验表达特点，再沟通学生生活，学习表达。

（2）分享与交流。

发现与体验的过程中肯定有分享与交流的活动，这里主要指的是发现与体验之后的分享与交流。不同维度，根据不同的学习成果需要的呈现方式来选择形式：情感维度，学生可以选择自己喜欢或擅长的方式进行分享交流，例如诵读、书法、沙龙等；意象维度，可以用 PPT 展示，主要运用主题展板来展示分享；表达维度，分享与交流分两步，一是习作讲评，二是"发表"。

不同的"基地"文本，科学拓展的维度不同，具体的学习内容、形式、过程、成果不同，分享与交流的方式便多种多样。无论运用那种方式，学生始终是分享与交流的主体，分享与交流的方式选择的主动权也属于学生。

（3）整合与应用。

一次多维拓展式母语学习的旅程，通常从一个"基地"文本出发，最后又回到这个文本，这个来回的最终目的是让学生在阅读中学会选择属于自己的有意思、有价值的阅读学习的方式方法，从多个维度提升语文素养。每次学习都会有一个回顾与整理，以整合不同维度拓展学习的收获，同时策划更深层次的应用。

拓展的维度虽然不同，但每个维度不是割裂的。以《梅花魂》为出发点的多维拓展式母语学习历程中，情感维度的拓展和意象维度的拓展，都与我们民族特有的传统文化紧密相关。一个历史足够悠久的民族，因为世世代代的传承，有些事物已经成为其精神文化的象征，成为每一个人的精神寄托，不管他们走到哪里，这些事物很自然地成为了联系他们的纽带。《梅花魂》中的外祖父，正是在中华传统文化的熏陶中成长的，他的血液里流淌着中华民族精神文化的基因，所以才吟诗流泪，才特别爱惜梅花图。这类事物具有了特定的文化意义，成为了大家情感共鸣的载体，成为了属于大家的象征性符号；个人的情感中同样有这类象征性的符号，那就是对某个人具有特殊意义的事物，围绕着这些事物，我们总会记起一些特定的人和事。所以，在这一意义上，表达维度与情感、意象维度也是联系着的。经历了发现与体验、分享与交流的学习过程之后，回归"基地"文本，进行维度的整合，文本阅读的意义就不是简单的叠加，而是整合性的提升。这样，学生阅读的视域、阅读思维的品质就不是局限于一个文本的阅读可以相比的了。学生明白了这一点，实实在在地感受到了这一点，这种母语课程生活带来的启发就会促进他们自觉地进行方法应用，为自己的母语学习生活打开新的一页，创造新的境界。

第 三 辑
母语课程的构建与实施艺术

统编版教材单元重构举例

下面是统编版三年级上册第一单元的整体解读与第一篇课文《大青树下的小学》的解读与教学规划，体现了母语课程建构的理念。

一、第一单元整体解读与课程规划

1. 这是一个新的起点单元

（1）这是新学段（第二学段）的起点。看新学段的第一个单元有什么特点，最好与二年级下册的教材做一下比较。通过比较，有这样几点值得关注。一是单元开篇多了一页单元导读，这导读是给老师看的，更是给学生看的，让学生明白这个单元要学什么，要达成怎样的学习目标。二是习作单独作为一个板块呈现，不再如二年级那样将"写话"放在语文园地当中。三是课文分为了两类：精读课文和略读课文。四是语文园地中的"识字加油站"被"交流平台"取代，不再安排"我爱阅读"。作为教师，这些变化都要看得见，而且要在第一个单元——新的语文课程生活开启的时候，对这些变化进行思考分析：为什么会有这些变化？这些变化的母语学习发展价值在哪里？

第一个变化，我觉得它契合了学生对学习意义的自我建构的需要。学生走过了低年级的浪漫，开始向比较理性的自我认知过渡，在学习上，应该逐渐学会根据具体的目标来进行自我评价和调整。老师把目标藏着掖着学习，即使有趣，对于学习主体而言，始终是盲目的，是不会有自我管理活动生发和参与的。这一变化是我个人最欣赏的。我在自己的教室课程探索和实践中，就已经在这方面尝试了好几年——每周会为学生提供一份"母语学习周计划"，让学生清楚接下来的一周要学什么和达到哪些具体的学习目标，这样学生就能明明白白地开展学习活动，就能有目标地管理自己的学习。

第二个变化，是相对于第一学段而言的，也是相对于原人教版教材而言的，它不仅仅是努力体现习作教学本身的课程序列化，也强调了"写"和"发表"的重要性。读再多的书，增长了再多的见识，涵养了再好的性情，不会观察和思考，不会用清通、适切、准确、得体的语言来表达，终究成不了"自己"。第一次习作聚焦"体会习作的乐趣"，目标设计科学，因为刚升入三年级的学生对新任务的兴趣是最大的学习内驱力，意义的理解则在其次。

第三个变化，主要是相对于第一学段而言的，体现的是方法的迁移运用和自主阅读能力的培养。"交流平台"替代了"识字加油站"，既是重点学习目标的升级和转变，也是教室学习共同体形成的方法和基础，还是对单元重点学习目标的进一步梳理和内化。

作为新学段的起点单元，它还通过编排形式以及教师在准确并创造性理解基础上的教室生活实践，给学生以后如何更多地自主性创造自己的母语学习生活，提供了认识、方法和策略、习惯等方面的示范。也就是说，通过第一单元的学习，要让学生对以后的母语学习生活充满期待，也逐渐拥有属于自己的学习方法和习惯。

（2）这是学生认知发展的新起点，对校园生活的认识开启了新的体验和评价模式。认知发展的新起点体现在多个方面，校园生活恰恰是最适合的一个方面，这是学生体验最真切的"境遇"。一二年级学生心目中，自己的校园生活甚至班级学习生活就是校园生活的全部，他们也缺乏反思自己学习生活的能力。到了三年级，身心的发展之外，无论是生活探索范围的扩大还是随着阅读带来的视野的扩大，都让学生有了突破原有认知的需要。通过校园生活主题单元的开启，学生从自己最熟悉的校园生活探索开去，了解到不同校园的同与异，在对比中发现校园生活的丰富多彩；了解在不同人的心目中对学校的想象和期待；从故事中学习反思自己在校园、在课堂中的角色、姿态和责任……

（3）这是学生思维发展的新起点。第二学段是学生从以形象思维为主的思维实践向逻辑思维实践过渡的阶段。将单元学习主题和重点目标直接呈现出来，让学生能带着目标去学习，就是在帮助学生体验一种有依据、有逻辑的学习。例如让学生聚焦有新鲜感的词句，契合了言语思维的发展需要：把要表达的意思充分地表达出来，是需要语言运用策略的，语言积累的价值就在于能创生出属于自己的有新鲜感的语言。包括口语交际（分享"我的暑假生活"）、习作（"猜猜他是谁"），都更突显言语逻辑思维实践能力的培养。形象思维有了逻辑思维的陪伴，言语思维的品质就会一步步提升，无论是阅读理解还是输出性表达，都将拥有自我管理意识和自我期待，独立思考能力的培养和批判精神的萌芽也有赖于此。

2. 这是一个语言素养清晰而科学的单元

这个单元直接呈现出来的重点读写训练要素是清晰的，是很科学的。清晰既表现在导读中明确表述了出来，也体现在每项具体的学习任务中，如第一篇课文后面的思考题。

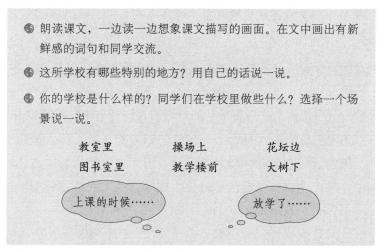

虽然只有第一题明确提出了"在文中画出有新鲜感的词句和同学交流"，但后面两题都是以课文学习为起点和基础引发的话题，教师应该适

当地通过评价，将"有新鲜感的词句"的运用渗透在"说一说"的实践中。这一目标不断在课文阅读中得到多种学习形式的落实——读、说、写，目的是让学生在阅读中养成关注和积累的习惯，在说和写中慢慢转化为能力，养成一种自觉。

习作"猜猜他是谁"，内容本身就与表达训练要素"体会习作的乐趣"相吻合——是一个具有游戏性质的习作活动。当然，习作的乐趣不仅体现在内容上，还体现在表达实践上，学生表述准确，如果还能有新鲜感——与阅读目标相关联——乐趣就会更深一层；学生的描述准确表现了同学的特点，让其他人读了后能很快猜出来，成就感又会带来印象更深刻的乐趣；教师将学生的第一次习作用某种形式"发表"出来，这一乐趣就成为下一次习作的驱动力。

读写训练要素的科学性，主要体现在落实的层次性和学生兴趣、接受能力、内化水平的匹配上。落实的层次性，以"关注有新鲜感的词语和句子"为例，每篇课文内的学习有层次，三篇课文之间也有层次性——从第一篇的读中体会、说中尝试运用，到第二篇的读中自主发现、仿写中尝试运用，再到第三篇略读课文中的读法运用，是循序渐进的。

3. 这是一个具有开放性学习空间的单元

作为母语学习载体的主题单元，应是具有开放性学习空间的单元。这种开放性学习空间，不能仅仅是靠教师个人的理解和教学主张来创造，教材主题单元本身，无论从主题上还是文本的选择和组合上也应具有开放性。这是"为儿童全生活着想"的母语教育课程创生的基础和追求。

(1) 校园主题本身就是一个开放性的内容和话题，因为校园生活的丰富性，因为对校园生活体验的差异性，因为校园生活表达方式的多元性——学生可以在母语学习的基础上，用不同的形式表现校园生活。校园生活的丰富性，文本中有，习作中也有具体的表现。

(2) 三个文本是从不同的角度来展现、讨论校园生活的，角度的多元化，使得教师和学生可以很自然地从新的角度来认识、分享校园生活，文本的拓展就有了合逻辑的选择。例如，既契合校园生活主题，又可以进一步落实"关注有新鲜感的词语和句子"的文本可以拓展《山沟里的孩子》等，整本书有王淑芬的《三年级花样多》等。再者，《大青树下的小学》是吴然的作品，吴然的很多适合三年级学生阅读的文章里，有富有"新鲜感"的词句，如《走月亮》《珍珠泉》等，也可以作为开放性教室课程的一个选择。还有泰戈尔《新月集》，开个小学的读书分享会，或师生、家长参加的朗诵会，也是一个选项。

关键是，教师要根据班级学生实际，根据课时的总体安排和规划，用好用活这个单元，创造出学生受益的教室课程生活来，建构"为儿童全生活着想"的、具有逻辑的母语课程。

二、《大青树下的小学》解读与教学规划

1. 欣赏——一篇诗意盎然的儿童散文

这是一篇构思巧妙、语言朴实优美、画面和谐、情感真挚的儿童散文。

构思巧妙表现在短短的四百多字，蕴含了丰富的信息：这是一所多民族融合的边疆小学；写了学生们上学、上课、课间等多个特定的景象；结尾自然，借景抒情，令人回味。开篇第一句话，是一个长句，很长的句子，却没有给人冗长的感觉，它像是一个自然变换的镜头，镜头随着不同方向远景的移动向同一个近景聚焦，让读者跟着文字看清楚了从不同方向走来的小学生属于不同的民族。这句话为后面的内容做足了铺垫，也给读者带来了阅读期待：这是一所什么样的学校呢？后面的内容正是循着这个思路展开的。

这篇儿童散文，遣词造句和语言节奏都富有儿童情趣，词句朴实优美，节奏活泼明快。通篇语言没有任何雕琢的痕迹，晓白如话，又诗意融融。例如第一句三个"从"到三个"有"一个"还有"，长短句参差有致；"大家一起朗读课文，那声音真好听"，"真好听"三个字看似平平常常，却在语境中让人很自然地产生了遐想，再接着读后面的描写，发现这"真好听"是那么具有吸引力；最后两句，句式基本相同，边读边感受，仿佛觉得铜钟和凤尾竹的影子都有了生命，都在欣赏着这美丽的校园。

给人印象最深的是通过语言文字描画出的几个美好和谐的画面：一是不同民族的小朋友们来上学的景象，小朋友们的出现，让整个校园都变得绚丽多彩、朝气蓬勃；二是树、鸟儿、蝴蝶、猴子都倾听小学生们朗读课文和各种小动物看小学生们课下玩耍的画面，前者令人陶醉、神往，后者让人感受到了天真、可爱；三是对铜钟和影子的特写，定格出一幅充满温情和希望的美好画面。

显然，这是一篇符合儿童阅读心理的散文，语言朴实，画面典型，用白描手法把日常的校园生活写得真切，写得如诗如画，让熟悉这种学习生活的孩子们读了感到自豪，让不熟悉这种学习生活的孩子们读了感到新鲜，产生向往。

2. 批判——一个学习价值清晰的文本

把这样一篇儿童散文呈现在学生面前，它的学习价值表现在哪里？教师如何从学习的角度来解读这个文本？这是我们需要进一步回答的问题。

思考、审视一个文本的学习价值，可以从这样几个维度切入：其一，学生自主阅读这篇文章时，会有怎样的感受？他们的关注点会在哪些方面？其二，单元重点学习目标（阅读时，关注有新鲜感的词语和句子）能够在哪些具体词句上落实？还有，学生对"新鲜感"的关注，会指向词句表现的内容还是词句的表达方式？其三，作为三年级第一学期学习的第一篇课文，它的内容、主题等，对学生接下来的教室语文课程生活会带来怎样的期待和定位？

第一个维度，不同地区的学生关注点一般是不同的，这正好与课后第二个思考题（这所学校有哪些特别的地方）的设置意图相吻合。"特别的地方"，不同地区的学生答案会不一样。学生认为特别的地方，也是学生感受最深的地方，是课堂上阅读这篇文章的兴趣激发点，或者深入阅读的切入点。第二个维度，要想到学生会对词句内容感到新鲜的点有哪些，引导学生从关注内容自然地过渡到关注词句表达形式和策略。就一般性学情来看，第一自然段第一句、最后一句，第三自然段对窗外安静景象的描写、对小动物的描写，最后一个自然段对铜钟和凤尾竹影子的描写等，都值得关注，值得引导学生进行品味。第三个维度，既是对单元主题的回应，更是为了通过这一单元的学习，引导学生关注自己的校园生活，观察自己的校园生活，还可以探寻更多不同地区小朋友的校园生活。这也正好与课后第三题是对应的。

这样一梳理，我们就会发现，这是一个学习价值十分清晰的文本。

3. 联系——为学生的学"特设一种相当的境遇"

一个文本，无论是为了实现哪一具体的母语学习目标，都不能孤立地运用。一则，孤立地运用，犹如碎片化阅读，是不完整的，是很快会从脑海中被无意识地抹去的；二则，能力的形成，方法的习得，志趣的树立，不会一蹴而就，需要一个过程，需要循序渐进，需要不断巩固和强化；三则，建立联系是赋予生活和学习以意义的基础，母语学习应该是一种有联系的生活，这种联系的建立，指向的就是为学习"特设一种相当的境遇"——沟通生活的境遇、文本拓展的境遇、单元整合的境遇等等。这篇课文的学习也不例外。

有联系的母语学习生活的创造，落脚点是学生的经历、实践和体验，但却始于教师"为儿童全生活着想"的文本解读。

先说重点学习目标引领下的单元整合的境遇。教师要在解读时弄清楚：（1）单元导读中明确提出的重点学习目标是什么？（2）这篇课文的学习要在怎样的层次落实重点学习目标？（以学生的发现和交流为基础，能区分词句表现内容和表达形式、策略的新鲜感，初步学会聚焦新鲜感的用词、造句。）（3）在这篇文章学习的基础上，下一篇文章或者拓展文本的阅读，重点学习目标落实的层次是怎样的？（能自觉关注有新鲜感的词句并尝试分享自己体会出的新鲜感的表现。）（4）在习作时渗透有新鲜感词句的运用与这篇文章的学习有怎样的联系？（把握好度，把握好主次，重点是让学生感受习作的乐趣。）也就是说，这一篇文章的解读，是要胸怀整组的，要运用系统思维，要确保在课堂学习实践时，让学生感受到不是在孤立地读着一篇文章。

再说文本拓展的境遇。夏丏尊在《关于国文的学习》一文中指出：

"我以为最好以选文为中心，多方学习，不要把学习的范围限在选文本身。因为每学年所授的选文为数无几，至多不过几十篇而已。选文占着国文课的重要部分，如果于一学年之中仅就了几十篇文字本身，得知其内容与形式，虽然试验时可以通过，究竟得益甚微，不能算是善学者。受到一篇选文，对于其本身的形式与内容，原该首先理解，还须进而由此出发，作种种有关系的探究，以扩张其知识。"前辈近百年前的观点，永远不过时。这篇文章的学习，可以安排三个课时。一般都是两个课时，为什么要安排三个课时呢？这也是在文本解读时就想好了的。面对一个文本，学生可能还不会从作者或者内容、主题等角度去建构一段有意思的阅读生活，他们的知识储备、阅读视野、方法策略等都有明显局限。作为引领、陪伴、规划学生学习的教师，恰恰是应该具备这样的能力、素养的。

教材选择吴然的《大青树下的小学》开篇，是主题的需要，是目标落实的需要。对于小学生来说，吴然的儿童散文里，有很多适合他们阅读、欣赏、积累的具有新鲜感的词句，其中选入过小学语文教材的就有《走月亮》《珍珠泉》《抢春水》等。从作者作品的角度，立足"关注有新鲜感的词句"这个点，这几篇文章可以有选择地引入课堂。考虑内容主题的话，吴然还有这样一些儿童散文，如《学校旁边一条河》《我们的学堂》等，可以作为拓展文本。

单元主题是校园生活，三年级学生对校园生活的理解，需要更开阔的视野。从这一角度建立联系，可以引入《山沟里的孩子》，这篇文章写了偏僻山区小学生的学习生活，语言也是朴素而诗意的，有很多"有新鲜感的词句"。

是从作家作品角度还是主题角度建立更广阔的联系，进行拓展，教师可以根据学生实际、课程生活的整体规划等自己做出判断和选择。

沟通生活的境遇，当然就是从"大青树下的小学"联想到自己的校园，观察、体验、分享、表达，也可以听听爸爸妈妈说说他们小学的校园生活，还可以分享自己了解到的其他地方的小学校园生活……至于到底选择在哪些个方向上创造"相当的境遇"，同样要根据学生实际、课程生活规划的需要。

4. 建构——绘制以"这一个文本"为基础的母语课程生活蓝图

建构，直接指向课堂的解读和创造，就是从"这一个文本"出发对"这一段"教室课程生活进行比较细致的蓝图规划——不是写意的，而是以工笔进行轮廓勾描，同时还要想一想某些细节。也就是说，在文本解读的同时，学习目标的定位、课堂学习活动的设计、学习资源的利用、学习成果的呈现和评价等都有了预设。这看似不是文本解读本身的事，但确确实实是文本解读应该抵达的重要一站。

《大青树下的小学》一文的解读，可以建构这样一幅蓝图：

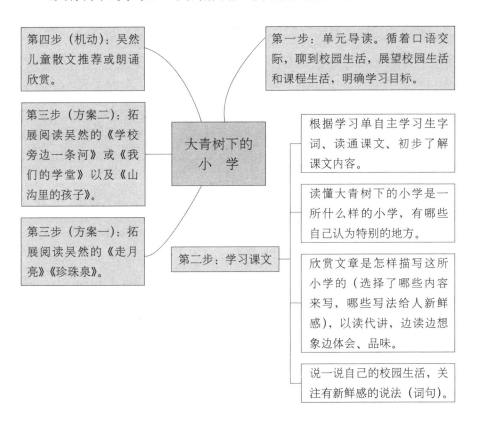

第四步（机动）：吴然儿童散文推荐或朗诵欣赏。

第三步（方案二）：拓展阅读吴然的《学校旁边一条河》或《我们的学堂》以及《山沟里的孩子》。

第三步（方案一）：拓展阅读吴然的《走月亮》《珍珠泉》。

大青树下的小学

第一步：单元导读。循着口语交际，聊到校园生活，展望校园生活和课程生活，明确学习目标。

根据学习单自主学习生字词、读通课文、初步了解课文内容。

读懂大青树下的小学是一所什么样的小学，有哪些自己认为特别的地方。

第二步：学习课文

欣赏文章是怎样描写这所小学的（选择了哪些内容来写，哪些写法给人新鲜感），以读代讲，边读边想象边体会、品味。

说一说自己的校园生活，关注有新鲜感的说法（词句）。

用文本解读助力课程重构

　　"横看成岭侧成峰，远近高低各不同。"一篇文章，从不同的角度、带着不同的眼光和目的进行解读，看到的内涵是不一样的，而进入课堂成为学习对象或载体的文章，到底应该如何解读，应该看到什么和选择什么来用，往往有一定的方向性和边界。

　　教学中的文本解读，是"为课堂"的，服务于学生母语学习的。这样的解读不能止于对文本是什么样、为何这样的探究，最终的指向是弄明白对于学生的学习而言，它从思想内容到表达形式、从思维品质到审美能力培养都有哪些具体的学习价值，同时还要考虑清楚这些价值应该用怎样的方式得以实现。一个教师从具体文本中解读出来的内容应该远远多于可以运用于课堂学习的内容，唯有如此，才能做到去其粗取其精，用其当用，实现文本教学价值的适切性和最大化。

　　"为课堂"的文本解读，也就是服务于学生成长的文本解读，底线是真正读懂文本的内容和形式，然后再从文本中发现其适切的学习价值。通常，大多数老师习惯了将目光聚焦于文本之内，发现并利用其引导学生展开具体的语言文字运用的学习。无论这学习的内容和目标是指向文本思想内容的理解，还是指向阅读方法的习得，又或者指向对文本表达形式的领悟，都朝向了文本内部这一个方向。即使有的教学实践中，教师会根据文本的思想内容和教师用书的提示进行"拓展阅读"，或者开展"语文综合性学习"活动，实际所做的也往往只是"应景"式的鼓励、推荐，并没有从课程的高度认识并从学生成长的需求入手，进行细腻的课程设计和脚踏实地的课程实施。因此，广大教师很自然地以为每学期使用一本由一篇篇课文组成的教材是理所当然、不可或缺的，也是足够的。而世界并不总是这样"单纯"，万物也总是以各种各样的方式相互联系，从向内的一个单向度进行文本解读，无疑将文本和文本可以发挥的价值孤立了起来，人为窄化，使母语学习失去了联系性、开放性和融合性。笔者以为，为母语教育计的文本解读，除了向内的发现和挖掘，还应该有向外的关联和融合。而恰恰是从不同维度向外的关联和融合，能够以培养学生的核心素养为诉求，助力母语课程的科学重构，促使"为儿童全生活着想"的母语教育课程落地生根。

先以现代诗《龙》的解读和教学为例。这首诗歌围绕"龙"这一意象，通过身边不同人物讲述的口吻，从不同的角度，运用丰富的形象，表现了"龙"，实际上指"龙的传人"智慧、勇敢、进取、创造的精神和取得的伟大成就。读懂诗歌是怎样从不同的角度抒写情感，怎样匠心地选择讲述故事的人物表现"龙"在每一个中国人心中的重要性，从而体会认同身为"龙的传人"的自豪感，同时丰富语言积累，是这首诗歌"学习语言文字运用"的价值所在。通常，教师对诗歌的解读，只会专注于向内的视角，弄明白每节写了什么内容，从哪个角度表现了"龙"的精神气魄以及它与中华民族的关系，有关"龙"的资料的运用，也不过是辅助于诗歌的理解。正是解读视角的单一和对文本学习价值的人为固化——囿于学科教学而非母语教育，使学生在教师的带领下阅读完诗歌后，除了识得几个字、积累了几个新词外，关于"龙"及其与中国人、中华民族的关系，仅有一个表面的、简单的了解，至于作者为什么选择"龙"的意象来表现民族自豪感，抒发作为一个中国人的骄傲，是无法从文化认同的体验上有所领悟的。这种教学，或许从学科学习的角度能称得上"扎实"；实际上，认识到语文学习是"母语学习"，这种"扎实"就显得浅薄了。当我们解读文本的目光能投向"文化"场域，就会在文本之内有新的发现，从课程重构的高度有新的理解。

在文本之内，我们会发现，诗歌从第二节开始就从不同的角度来写"龙"，每节的开头都是借一个特定身份的人物（奶奶、爷爷、爸爸、妈妈、老师）之口来叙述。显然，无论是龙的神奇，还是"龙"的进取精神和丰功伟绩，并非真的是这些人物分别告诉"我们"的。那为什么要在诗歌中出现这些人物呢？在中国，龙文化源远流长，龙的精神代代传承，这些人物正好隐含了"文化传承"之义，既随血脉流淌（奶奶、爷爷、爸爸、妈妈），又有教育传承（老师）。我们认为自己是"龙的传人"，这是一种文化身份的认同。那么，如何引导学生读懂诗歌表达上的这种智慧和匠心，又如何真正通过母语课程初步实现学生心里的这种文化身份的认同？这就需要在"为儿童全生活着想"的理念指导下，对文本进行向外的、指向母语教育课程重构的解读。对于小学生来说，仅仅为了促进他们理解诗歌思想内容，而进行与文本内容相关的资料补充，他们仍然很难理解我们为什么以身为"龙的传人"而自豪。而以"龙"为主题，重新进行有联系的、融合的母语课程重构，实施开放性的课程活动，就成了学生成长的应然诉求。怎样进行具体的课程重构呢？下面的结构图可作为参考。

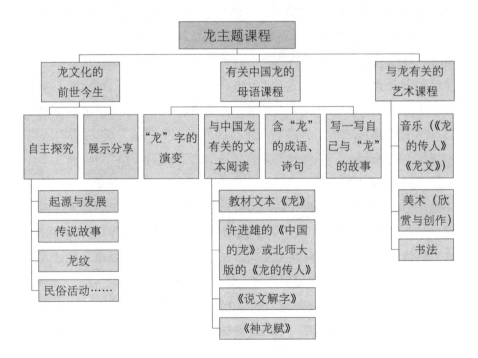

再以《梅花魂》的解读为例，向内的视角可以多元，有聚焦"借物抒情"的表达手法的，有关注文中细节描写的，有进行行文结构梳理的，如果强调"一课一得"，为了课堂学习到底选择哪一个角度，要根据目标的定位。但是，这样的解读和运用，我不认为是母语教育的科学诉求。母语教育不仅仅是学习怎样读和写，还应该引导学生探究为什么读和写，要如叶圣陶先生所倡导的那样，在读写的同时"发展学生的心灵"。有人此时一定想到了"人文性"这个概念，不错，肯定关涉了"人文性"，但是，不仅仅是文本本位的人文性，而是开放的、融合的、实践的人文性。其一，聚焦"借物抒情"的写法体会和习得，要进一步思考：这一篇文章能给学生带来这一写法的怎样的认知？能否很自然地从认识这一写法迁移到学会这一写法？其二，如果我们仅仅聚焦文本内部的某一个训练点，这篇文章能否以文化之名给学习母语的孩子带来心灵的触动？其三，这样单向度的阅读学习能否让学生建构起"联系"的观点，以发展学生的思维，拓展学生的文化视野？

夏丏尊先生在《关于国文的学习》一文中指出："知识不是孤立可以求得的，必须有所凭借，就某一点分头扩张追讨，愈追讨关联愈多，范围愈广。好比雪球，愈滚愈会加大起来。"其中还有一段更明确的话："我以为最好以选文为中心，多方学习，不要把学习的范围限在选文本身。因为每学年所授的选文为数无几，至多不过几十篇而已。选文占着国文课的重要部分，如果于一学年之中仅就了几十篇文字本身，得知其内容与形式，虽然试验时可以通过，究竟得益甚微，不能算是善学者。受到一篇选文，对于其本身的形式与内容，原该首先理解，还须进而由此出发，作种种有关系的探究，以扩张其知识。"其实，夏丏尊先生这里所讲的"知识"已经升华为"智识"，是智慧。为了不仅仅满足"知识"的学习，同时要发展学生的"智识"，文本解读还需要做向外的联系性的解读。

就"借物抒情"的写法体会和习得来说，要联系更多相同写法的文本进行解读，并将这些文本（如《姥姥的剪纸》《白杨》《枣核》《理想的风筝》等，而在统编教材中，五年级专门编排了一个学习"借物抒情"的单元，选编的文章有《白鹭》《丁香结》《桂花雨》《落花生》等）带给学生，才能使学生真正理解这一表达手法，并尝试运用。《梅花魂》借物抒情抒的是爱国情，为什么"借"的是"梅花"？文章之中有答案，但文中的答案又是从哪里来的呢？这就要进行文化意义上的关联和探寻，就要"作种种有关系的探究"。这就是母语文化的学习和浸润。抓住"梅花"这一文化意象，文本解读时关注到文化探究的维度，很自然地，融合性的学习活动就水到渠成了，诗歌、音乐、美术等等，学生可以在多元选择的、丰富的课程活动中感受母语文化的魅力。诚然，我们还可以从别的角度进行逻辑关联，丰富一篇文本的学习价值。

我曾经对"一篇篇课文"式的语文学习产生过疑惑，现在我还是坚持自己的怀疑。我自以为是地想，如果我们能从母语教育的高度来建构为学生着想的课程，也就没有必要像做文学批评一样去解读一篇篇质量参差不齐的"课文"了；即使觉得自己离不开"一篇篇课文"式的教材，能对一些经典的或具有典型文化特征的文本进行多向度的解读，或许能一步步接近母语教育的真谛。有了这样的认识和理念，我们就可以从文本解读入手，大胆而科学地进行"为儿童全生活着想"的课程重构。如此，"教师要成为课程的创造者和建设者"就不仅仅是一句口号了。

文本解读的四个关键词：欣赏·批判·联系·建构

我们知道，教材中的文本，或者并非来自教材但为了母语学习的目的拿到课堂上使用的文本，都是为了一定的学习目标而存在的。"运用之妙，存乎一心。"此"心"，既指向对文本本身的了解，也指向对文本之于课堂价值的判断，还指向对课堂上如何与文本展开多主体、多维度对话的策略、方法的选择等。若要立此"心"，必得从文本解读始。

文本里有什么，和用文本来做什么，既有紧密联系，又不能混为一谈。例如，《"凤辣子"初见林黛玉》中有一段细描王熙凤穿着打扮的文字，从头上绾的到项下戴的，从身上穿的到腰上系的，一一道来，那"彩绣辉煌"的装扮着实抓人眼球。那么这文本中写到的这身行头，是否都要一一研究，弄清其式样材质呢？小学五年级的语文课堂上，是不必这么弄的，而应该借助这段细描来体会文本如何用服饰细节来衬托王熙凤的"风骚"和张扬，领悟这么写的妙处。

课程标准提倡教师要创造性使用文本。这又提醒大家，同样一个文本，如何解读，解读出哪些"风景"或"内涵"，针对自己面对的学生特点和学习需求，如何选择和使用从文本中解读出的思想内容和表达特色等，不同的教师，在不同的教室里，是不一样的。

那么，为了充分而适切地发挥具体文本的母语学习价值，"全生活"理念下的母语教育应该怎样看待和落实文本解读呢？

一、欣赏

一个文本作为学习母语的潜在材料、载体或对象，首先要用欣赏的眼光来打量它，从各个角度发现它的美（语言的、情感的、思维的、逻辑的等）和独特之处。这欣赏的眼光必须是教师自己的眼光，可以向他人和书本借鉴或请教，绝不可直接用他人和书本的眼光来代替自己的眼光。因为只有用自己的眼睛发现的美，才是自己真正有感觉和体会的美；自己用心感知和体会文本之美的经历，是教师设身处地将文本之美用适切的方式与学生分享的坚实基础。

欣赏一个文本，首先要有沐浴更衣、焚香净手的心灵准备，做到心无旁骛与文本赤诚相见。所以，教师欣赏文本的第一个身份定位是一个纯粹的读者。如果先入为主，直接以教师的身份与文本初相见，虽然可以直奔主题，也必然会被经验、目标等束缚了手脚，障住了眼目，欣赏不到文本更纯真丰富的美。以统编版一年级的第一篇课文《秋天》为例，一个纯粹的读者读到的是秋天来了时最具代表性的图景：黄叶飘落，大雁南飞。平白如话的描述，简洁、干净、自然，还有一份童真的味道。若是在读这篇短文时就想到自己是一名教师，大概就读不出那份自然而童真的味道了，读出来的是写了什么和里面有哪些生字而已——抽离了读者身份的教师解读，很多时候从解读开始，就把母语学习变得枯燥乏味了——这本不应该是母语学习的状态。更重要的是，如果面对的是内容和文字更丰富复杂的文本，一个成熟的读者能欣赏到很多教师为了教学不需要或者不会欣赏到的美。

有了纯粹读者身份的欣赏作为铺垫，再以教师的角色来欣赏文本——不用"解读"而用"欣赏"，关注的依然是对文本之美的发现——强调的是从不同角度（尤其是与课堂学习相联系的不同角度）体会文本的美。再以《秋天》为例，从内容角度欣赏，文本虽然只选择了两个典型景象，却如同一封简明的家书，告诉大家秋天来了的好消息；从构思角度欣赏，两个景，一近一远，仿佛看到了作者发现秋天时的行动和目光；从语言角度欣赏，短句节奏明快，晓白如话，适合边朗读边联想；从字词运用角度欣赏，使用的都是最常用的字词，尤其是"一"和"人"的联想，不仅适合刚刚入学的儿童认读和积累，还激发了识字的兴趣……

强调首先用"欣赏"的姿态面对文本，还在于提醒教师，任何进入课堂的文本，或许从文学品质、逻辑结构等方面看存有缺陷，但总有其值得欣赏的优点。与文本的对话，若是一开始就投之以白眼，更进一步的探讨也就不可能了；步步深入，发现和挖掘文本的语言文字运用学习等价值，更加不可能了。

二、批判

说完欣赏，接下来说批判。两者都是对待文本的态度或姿态。欣赏当然是发现文本之优点和美妙之处；批判却并非等同于批斗，更不等同于给文本挑刺，专门发现文本的粗陋和缺陷。

批判在这里指的是全面深入的分析判别，即用更高要求的眼光对文本进行审视和判断，最终厘清文本本身之于课堂学习的价值。批判是基于批判思维和批判精神的；它强调独立思考，强调思维和判断的逻辑性和系统性；批判还直接与创造性相联系。

运用于母语学习的文本，它的学习价值有哪些该由谁说了算呢？课程标准有指引，教师用书有建议，但唯有心中有具体学生的教师，以促进学生母语学习为目的进行的分析、判断和取舍，才具有生命力和课堂实践的价值。虽然人们说文本有生命，但文本无言，静待有眼光、有批判精神的教师来唤醒、激活，让文本在课堂上"开口说话"。

清少纳言的《四季之美》被选编进统编版教材五年级上册第七单元，用来帮助学生体会静态描写和动态描写。这篇文章，结构平常，却几乎被看作经典之作。为什么呢？因为作者在文章中营造的从容、恬静之美，却是通过一个个动态的景致表现出来的。

教材选编的是日语翻译家卞立强先生的译文，语言优美，用词讲究。这样的文字，是学生丰富语言积累和语言经验的好例子。但是，细读文本，我们就会发现，译文，或者更准确地说是选编进教材的改编文，是值得商榷的。清少纳言笔下的四季，韵味是一致的，那是一种氤氲着生命气息的，从容、恬静的意境。若你对文字足够敏感，就会发现，课文缺失了这种韵味。为什么呢？细细读、慢慢品，原来是课文在修饰性词语的运用上，用力稍稍过猛了，以至于有些词语直接破坏了这份韵味。比如，"夕阳斜照西山时，动人的是点点归鸦急急匆匆地朝窠里飞去"，"急急匆匆"一词，实在是弄巧成拙了。再比如，"……或是在无雪无霜的凛冽的清晨，也要生起熊熊的炭火"，"凛冽""熊熊"，前者过于肃杀，后者过于热烈。

如果，对比一下周作人先生的译文，课文用词上的瑕疵，就立马显现了。就连题目，周作人先生也译得精妙——《四时情趣》。教师若能将周作人先生的译文与课文一起呈现在学生面前，让学生比较、评价，学习的意义就会得到提升。

《四季之美》的例子告诉教师，文本解读时，有了批判思维和批判精神的深度参与，文本就会显现出其原本多维的使用价值，而非仅仅看作"榜样"，更不能一味采取"仰视""膜拜"的姿态。

文本解读中的批判，首先指向的是对文本和文本学习价值的甄别、取舍。批判还是发现和创造文本更深刻的学习价值的催化剂。冯骥才的《歪儿》有一个自然段仅仅一句话："歪儿回到了我们中间。"为什么要让这句话单独成段？有这个必要吗？放在前一段的结尾或者后一段的开头，都能让读者更清晰地体会出这句话在内容逻辑上的关联性和情感表达的价值，作者却让它单独成段，匠心何在？教师有了这样批判性的质疑和思考，课堂上挑战性的探究学习活动就创生了。事实上，母语学习的课堂上很多有思维含量和研究价值的话题、活动都是师生运用评判的态度对文本进行探究的结果。《乡下人家》固然是一篇语言朴实而优美的文章，用批判的思维进行解读，却能发现文本中描绘的田园风情已经成为了过去，如今的乡下人家已经"物非人非"。有了这样的解读，《乡下人家》就可以作为一个引子，把不同年代写乡村的经典文本组织起来，如陶渊明的《归田园居》、辛弃疾的《清平乐·村居》，开启一段发展"儿童的心灵"的母语学习历程。

批判，一言以蔽之，就是弄明白文本到底有哪些更适切更深刻的学习价值。

三、联系

比较而言，更多情况下，欣赏关注的是文本的表面形态和"如初见"的感觉；批判是往文本内核的探求，即更深入地审视和全面地评价文本；而联系是从文本出发，发现它在课程意义上的外延价值。

叶圣陶先生说："担任国文教授的教师啊，你们为儿童全生活着想，固当特设一种相当的境遇，即为国文教授的奏功着想，也当特设一种相当的境遇。""境遇"何来？教师要在文本解读时关注文本内容、形式、主题等等，与学生各方面生活的自然联系。夏丏尊先生说："我以为最好以选文为中心，多方学习，不要把学习的范围限在选文本身。……受到一篇选文，对于其本身的形式与内容，原该首先理解，还须进而由此出发，作种种有关系的探究，以扩张其知识。""有关系的探究"，指的是从不同维度发现文本与学生各方面学习生活的逻辑关联。

原人教版《可贵的沉默》一文从内容和主题角度解读，是一篇关于感恩的故事——爸爸妈妈从没忘记过孩子的生日，孩子却很少关心爸爸妈妈什么时候生日。即使仅仅从情感体验和思想感悟角度出发，回馈爸爸妈妈的爱，并不仅仅是记住爸爸妈妈的生日并为他们送上生日祝福，而是在生活中随时随处用各种方式去回馈，这才是文本想要达到的心灵启示。囿于"生日"话题之内谈感恩，就没有"联系"的意识，不懂得"想开去"。师生对话的描写和提示语运用的变化，不仅仅此文有之，与以前学过的文本建立联系，更能引导学生深入地体会这种变化是出于准确传达对话人物情绪和情感的需要——形式的变化是为思想内容服务的。

用联系的眼光和思维解读文本，与教师、学生广阔而真实的生活、经验建立联系，是创造和建构一段"有联系的"课程生活的基础，也是为儿童"全生活"着想的母语课程创生和建构的需要。比如解读《月球之谜》，不仅看到这是一篇说明文，还从说明对象联系到太阳、地球，同时阅读《太阳》《美丽的地球》等文本，甚至联系到《观潮》，把课程生活拓展到对潮汐的了解……如此，母语学习有了"特设的境遇"，学习生活也就变得丰富多彩。

解读苏叔阳的《理想的风筝》，从故事主题可以联系《师恩难忘》《一个这样的老师》《我的启蒙老师》等；从"风筝的故事"可以联系鲁迅的《风筝》、王安忆的《风筝》、朱成玉的《风筝的心》等；从文化意象——风筝，可以联系与风筝有关的古诗词，可以探究风筝与表达理想的关系，可以探究风筝文化……

建构有联系的母语课程生活，不囿于一篇篇孤立文本的繁琐分析，语文课堂也就有了真正的儿童立场和生活的情趣，而不会每天重复着无聊的"昨天的故事"。

四、建构

最后说说建构。准确地说，建构已经突破了文本解读的范畴——其实，从教师角色介入对文本的探寻开始，包括批判和联系，都已经不仅仅是做文本内部的解读了，而是直接指向了具体教室课程的创生、设计和可行性评估。之所以将建构作为文本解读的关键词来讨论，是因为文本解读就是为了具体课程生活的建构，甚至可以说文本解读就是课程生活建构中最基础、最关键的一部分。

用怎样的态度、眼光和思维方式去解读一个文本，决定着教师将引领学生经历怎样的课堂学习过程和课程生活体验。只看到文本表面内容和一望而知的形式，注定了只能带来枯燥乏味的、在内容和逐句逐段文字上折腾的课堂。如果在文本解读时就既与文本展开了多维度深入浅出的对话，又从儿童立场和学生言语思维发展需要的角度梳理了文本的母语学习价值，还胸中不忘课程标准的基本要求，同时在心中设想和预演了学生将经历的学习过程和可能呈现出的学习状态、情形，那便是在围绕文本进行具体的课程和课堂生活的建构。

建构，就是直接指向课堂的解读和创造。以《翠鸟》为例，对第一自然段描写翠鸟外形的内容和言语形式进行解读时，联想到这样的内容会给学生带来怎样的阅读期待和感受，通过怎样的学习活动才能帮助学生习得这一外形描写的方法和策略（有条理的、拟人化）。这样，学习目标的定位、课堂学习活动的设计、学习资源的利用、学习成果的呈现和评价等等都有了预设。反复研读这一文本的过程中，要创造怎样的一段具有"特设境遇"的课程生活也就有了初步的蓝图。这些，都是文本解读中的建构。

"全生活"母语教育语境下的文本解读，不是学术意义上的文学评论，它从一开始就是为课堂、为学生的母语学习生活服务的。欣赏、批判、联系、建构，文本解读扎扎实实做好这四件事，母语教育就从文本解读开始，为儿童语文素养的全面提升打下了厚实的基础，创造了丰富的课程生活。

母语课程实践中的教师价值体现

母语课程更加注重学生的体验，更加凸显出学生的自主发现和创造，那么，教师的价值主要体现在哪里呢？语文教师的一举一动都要有课程意识，将与学生有关的每一件事都当成课程来做。母语课程的实践，更离不开教师强烈的课程自觉意识。唯其如此，教师才能真正地进入课程，成为课程的设计者、领悟者、操作者和共同的创生者，才能使预设的课程转化为创生的课程，转化为真正有益于学生成长的课程。

一、设计学生需要的课程

以多维拓展式母语课程为例，从形式上看，是从一篇经典"基地"文本出发，向不同的维度拓展相互关联的学习活动。例如，"一花一世界"课程的生发和实施，是从林清玄的《百合花开》拓展开的。为什么要以《百合花开》为"基地"文本，设计多维度的学习活动？首要考虑的是学生成长的需要。

这是为六年级学生设计的课程。课程理想就是要使学生从不同维度的拓展学习中得到"一花一世界"的生活启示和哲学启蒙，无论是语文的，还是科学、艺术的拓展，最终都因为深入的学习体验，认识到"每朵花都有属于自己的世界，每朵花都拥有共同的世界，每朵花都在创造自己的世界且参与着世界的创造；而我们每个人如同每一朵花"。而从哪些维度拓展，哪些内容和活动进入课程的视野，教师要根据学生的年龄特征和学情基础、兴趣倾向等来认真考量，精心选择和安排，制订课程计划，设计课程方案，遴选课程实施中必需的资料。"一花一世界"课程的"基地"文本是《百合花开》，这是一篇借物喻人散文，也可以看作一篇童话或寓言体的散文，塑造了顽强、奋发向上的百合花形象，给读者带来生活和人生的思考。文本作为独立的生命体，是一个自足的整体，而一旦被阅读，就会因为读者阅历、思维和情感的介入变得丰富起来，也同时会产生更丰富的阅读期待和探索欲望。将学生进一步探求的欲望激发出来，并引领他们有逻辑地从不同维度构建成长需要的阅读生活，教师的课程设计价值就体现出来了。因此，在课程理想的指引下，有了这样的课程设计：

◎ 养一盆自己喜爱的花，用心倾听花语，记录下与她朝夕相处的时光，与同学分享自己与花儿的故事。

◎ 用不同的方式呈现花儿的美丽，可以摄影，可以绘画，可以折纸，可以……

◎ 阅读绘本《花的四季》，从科学的角度了解自然界中的花。

◎ 从林清玄的《百合花开》出发，开启一段多维拓展的阅读之旅，品读写花的诗文，领悟借物喻人的表达方法，分享林清玄的作品和成长足迹。

◎ 共读绘本《花婆婆》，分享对"一花一世界"的感悟。

◎ 将自己的学习成果展示出来，与更多的人一起分享学习的快乐。

二、主导课程的操作与反思

对于学生而言，课程的实施是一个不断丰富体验的过程；对于教师而言，课程的操作过程同时也是反思的过程，需要根据学生在体验过程中的表现不断对课程目标、内容和设计进行调整，使课程的价值最大化。

例如，三年级围绕绘本故事《一片叶子落下来》展开的多维拓展式阅读教学，一开始选择了《秋天的落叶》作为引导学生学习结构性表达的文本，结果在操作过程中发现，这个文本并不合适，学生很难进行模仿和创造。发现这一问题后，重新补充了结构清晰的文本《秋天的雨》，理想的学习目标很快变成了学生积极的表达体验。

"一花一世界"课程的萌芽是在冬季，因为《百合花开》编排在六年级上册教材当中。但是课程的实施需要足够丰富的实践性的知识和生活背景，需要学生养花的切身经历和体验，于是将这一课程安排在了第二学期，也就是春天。

在学生养花的过程中，会发生很多故事，教师需要关注这些故事，发现这些故事的意义和价值，以便在合适的时机安排有关的课程活动。例如，当学生带来一盆漂亮的花却不知道花的名字、科属，要记花的日记却不知道花的各个部分名称时，科学绘本《花的世界》就该走进课堂了；当养花的故事足够丰富曲折的时候，就该是写一写"我与我的花的故事"的时候了。

三、在对话中促成学习意义的生成

真正的课程是教师与学生共同创造的教育经验，教师与学生互动的过程即是一种创生的课程。在这个过程中，通过师生、生生之间不断地对话生成意义，在这种意义上教师即创生的课程本身。下面是我以《理想的风筝》为"基地"文本展开的多维拓展式阅读教学的一个课堂片段：

师：刚才我们学习交流了四篇文章，分别是苏叔阳的《理想的风筝》、朱成玉的《风筝的心》、鲁迅的《风筝》、王安忆的《风筝》。四篇文章，题目里都有风筝，对比一下，你有怎样的发现呢？

（学生思考、讨论。）

生：它们题目里都有"风筝"。

生：都是以风筝为线索来写的。

生：每篇文章中的风筝都具有特殊的意义，比如说《理想的风筝》中的风筝就象征着理想。

师：另外几篇呢？

生：朱成玉的《风筝的心》中，风筝象征的是童年，是童年的自由和快乐；鲁迅的《风筝》中，象征的是儿童天性，也就是儿童是需要玩耍、需要游戏的。

生：王安忆的《风筝》中风筝象征着牵挂，父母对孩子的牵挂。

师：很棒，你们发现了相同点，尤其是发现了风筝积极、美好的象征意义。

生：我发现了它们的不同点。它们写的故事不同，作者思考的角度也不同。

师：我们再回忆一下，一开始我们谈论了自己以"风筝"为题写的故事，每个人的故事一样吗？为什么？

生：不一样，因为不是一个人。（大家笑）

生：我觉得是因为每个人的经历不一样，对问题的思考就不一样，写出的故事也不一样。

师：经历不一样，所以思考问题的角度不一样，写出的故事不一样，表达的主题也不一样。我们曾经谈论过，当我们拿起笔来写故事，写出来的都是——

生：自己的故事。

师：我们每个人讲出来的故事都是自己的故事。正如现在，你们每个人桌上都有一盆自己养的花，或者含苞待放，或者已经怒放，或者只有翠色如流的绿叶……每盆花也都有自己的故事。因为花是你自己养的，每盆花的故事也是你自己的故事。正所谓一花——

生：一世界。

师：风筝的故事讲完了，接下来的一个月我们将要一起学习的课程就是——

生：一花一世界。

　　课堂对话不能停留在学生已知的层面，教师是学生的认知和理解在对话中不断发展和提升的"催化剂"。教师在课堂对话中要敏锐地捕捉学生思维和生命体验的生长点，在促进学生言语生命成长的同时，提升学生的审美体验，引导学生以"有联系的"观点进一步认识和理解自己身处的世界，开启生命的思考和生命叙事的启蒙。

母语教育要发展"儿童的心灵"

——以《乡下人家》的另一种教学思路为例

语文课堂作为母语学习的主阵地，不仅仅是为了识得几个字，读懂几篇文，也不仅仅是为了学会怎样读懂文章和怎样从文章中习得表达的几种具体方法，我们应该引领学生再往前走一步，即在母语文化的浸润下发展思维，学会独立思考和判断，打开视野，启蒙批判精神和创造精神，即叶圣陶先生所说的"发展儿童的心灵"。

当下"语用"学习成了流行语，仿佛是一个新生事物，得到很多语文教师的追捧。语文学习关注"语用"原本是理所当然的事情，把理所当然之事当作新发现并在实践中大加突出，致使"语言文字运用"被窄化为"器用"，而失去母语之于学习者更加广泛的"化用"价值，又是走了一条"单行道"。"化用"仅仅是针对"器用"提出的，母语学习与一个非汉语民族的人学习汉语言文字，其价值取向是有区别的。母语里有文化基因的传承，有思维方式的渗透和发展，在母语文化中徜徉，既要掌握语言文字的"器用"，还要在"器用"基础上实现趣味的提升、情智的丰盈、精神的茁壮、思想的创造。显然，这与曾经把语文课上成赤裸裸的"思想教育"不是一回事，而是努力还原母语学习的应然状态，使"器用"和"化用"自自然然地融为一体，让我们的学生通过语文学习，不仅会听说读写，还会思考和判断，敢于批判，勇于创造。

如何做到这一点呢？我们来看看《乡下人家》这篇课文还可以有怎样的教学思路。

通常，教学陈醉云的《乡下人家》，老师会在课堂上着力于两点：理解文章内容，欣赏乡下人家的景美人美；品读文字，体会作者是怎样描绘乡下人家的特点的。两节甚至三节课学完这篇课文，充分做到"以读为本"，尤其是入情入境地读出感情来，直到老师觉得学生认同了"乡下人家都是那么美好幸福"，就是教学最大的成功。

文学作品具有时代的烙印，同时是作者斯时斯地认识和情感的表达。经典的作品由于表达的是人类普遍性的主题和世代传承的、共通的情感，所以拥有不竭的生命力，能跨越时空引起不同时代、地区读者的共鸣。但这种共鸣不一定是在同一个维度或者同样的生命体验上，一篇描写和谐自然景观的文章，作者表达的是欣赏、惬意，有可能让读者联想到此时此地美景不再，生出感慨和遗憾之情。阅读是一个再创造的智力和情感活动过程，伴随情感共鸣体验的同时，还应该伴随批判性思维的发展。"尽信书不如无书"说的就是这个道理，"迷信教材"，让学生只会用仰望的姿势阅读课文，就是盲目地"尽信书"，它最多能帮学生机械积累一些词句篇章，却不能促进学生情感的发展，更不能促进批判思维和创造思维的发展。

显然，仅仅着力于以上两点教学《乡下人家》，学生就会以为这就是现实中真实的乡下人家，或者不去思考和判断这到底是何时何地的乡下人家，甚至是让乡下学生提笔写一写乡下人家，不少人写出来的是课文中的乡下人家，而不是自己每天生活中见到的真真切切的乡下人家。至于城里的学生，心目中的乡下人家已固化为课文告诉他的样子。这种远离了"特设的境遇"的母语教育，无法使语文担当起"发展儿童的心灵"的职责和任务。

叶圣陶先生在近百年前明确提出母语教育要"为儿童全生活着想"，要关注"儿童的需要"，要在语文学习中"观察、试验、批判、欣赏"以"发展儿童的心灵"。那么，《乡下人家》的学习，就不能只囿于文本本身做内容理解和"语用"的功夫了。因为，今天的乡下人家与陈醉云笔下的乡下人家已经不可同日而语了。既然如此，我们就可以从历史的维度来为学生的学习"特设一种相当的境遇"，向学生展示一下历史长河中乡下人家景象的变迁。

中国古代诗词中写乡下人家朴实自然生活的作品很多，选择哪些作品与陈醉云的《乡下人家》进行比较阅读合适呢？这就要考虑通过这样的比较学习到底要带给学生什么。乡下人家生活环境和状态翻天覆地的变化是在近几十年追求经济发展的背景下发生的，学生可以通过课文欣赏从前乡下人家的美好环境、美好生活，同时也要"看到"今天的乡下人家是什么样子并思考何以如此。这就需要提供给学生有历史代表性的文学作品，以引导学生进行自主性的比较，引发学生的主动思考和探究。

1600年前，陶渊明在《归田园居》中这样描绘乡下人家："方宅十余亩，草屋八九间。榆柳荫后檐，桃李罗堂前。暧暧远人村，依依墟里烟。狗吠深巷中，鸡鸣桑树颠。"

800年前，辛弃疾《清平乐·村居》中的乡下人家是这样的："茅檐低小，溪上青青草。醉里吴音相媚好，白发谁家翁媪？大儿锄豆溪东，中儿正织鸡笼。最喜小儿亡赖，溪头卧剥莲蓬。"

而几十年前，陈醉云写了这篇《乡下人家》：屋前屋后有瓜架、花卉、竹子，老鸡小鸡闲庭信步，鸭子水中嬉戏，傍晚时人们露天吃饭，夜里伴着纺织娘的歌声入睡……

当教师将这些时间点和文字同时展现在学生面前时，学生很快就有了自己的发现：从陶渊明到辛弃疾，过去了800年，乡下人家的环境和生活几乎没有什么变化；从辛弃疾到陈醉云又过了800年，乡下人家环境依然是那么优美，生活依然是那么自然朴实。这是从大体的内容上去对比，接着还可以从描写的具体内容和写法上让学生去发现。

描写的具体内容上，《归田园居》的这几句重点写了住宅、树木、村落、炊烟、鸡犬，《清平乐·村居》重点写了住宅、环境和人物活动，《乡下人家》写了屋前屋后的景、物和人们的生活，细节有所不同，景物特点和人物活动却十分相似，给读者的感受也是一样的。写法上呢？《归田园居》《清平乐·村居》因为是古诗词，弄清楚先写了什么，后写了什么也就可以了，重点则可以落在《乡下人家》的细读体会上，从而学习其显性的、有积累和习得价值的"语言文字运用"。我们可以从两个角度来阅读欣赏和学习表达，一是让学生自读思考，读懂作者陈醉云是从哪些方面写乡下人家的，并试着画出文章内容的结构图。这指向阅读和表达中结构化思维的培养。二是以文章最后一个自然段，也就是中心句为抓手，让学生细读感悟每一个部分，体会作者是怎样描绘出乡下人家"独特、迷人的风景"的。这就将写什么和怎么写的感悟融为一体，既体会内容之美，又体会形式之妙。

以上的学习内容会给学生留下一个共同的印象，那就是无论是 1600 年前、800 年前还是几十年前，乡下人家的"风景"（自然的和人文的）没有多大变化。如果课堂学习到此为止，必然会在学生心中强化这种没有多大变化的印象，不会在学生的认识中建立起文本与生活之间的联系，"为儿童全生活着想"也就不在课堂学习的视野之内了。这时候就需要将学习引向新的思考维度：今天的乡下人家是怎样的一幅"风景"呢？

当我抛出这个问题时，教室里 50 多名刚刚被"城镇化"的孩子很快举起了手。先站起来的几个孩子都一致回答："现在的乡下人家风景也是一样的。"这在意料之外，却在情理之中，因为孩子们已经形成了崇拜文本的惯性心理，不假思索地把教材文本的描述等同于现实生活中的"真"。我接着追问："有哪些风景是一样的呢？"教室里突然静了下来，孩子们交头接耳，慢慢地另一种声音响起来："不一样，一点也不一样。"然后，他们开始描述自己曾经身处的"乡下人家"的"风景"。他们发现，现在乡下人家的风景与《归田园居》《清平乐·村居》《乡下人家》中的相比较，已经发生了巨大的变化，虽然陈醉云的《乡下人家》描写的风景离今天不过几十年而非 800 年。而当我出示下面一段文字时，孩子们发现自己所生活过的"乡下人家"与王丹枫笔下描写的景象十分相似——

一栋栋楼房被后面的房子推推搡搡，有些已挤到了昔日的良田里，精致的双层小洋楼撑起了这座村庄的"繁华"……打谷场没有金黄的草垛，没有躲猫猫的女孩，没有滚铁环的男孩，石碾蜷缩在枯草乱枝里，像个被遗弃的孤儿。几口池塘覆满了各色塑料垃圾和水草。田野里的良田，不少都荒着。

尤其是后面两句，引起了孩子们普遍的共鸣。孩子们一下子安静了下来，陷入了沉思。只有经历了这样真实的比较、思考，当我们请孩子们也写一写自己眼中的乡下人家时，他们才会从课文中吸取不一样的营养，书写自己真实的见闻，表达自己真切的情感。否则，让学生模仿《乡下人家》的某些句段，就成了缺乏思维参与的、机械的、消极的语言"复制"，"学习语言文字运用"也就与发展"学生的心灵"——思想情感、批判思维和创造精神——没有关系了。如果面对的是城里的孩子，这样的学习就更有必要，要使学生在欣赏文字美和自然美的同时，避免"尽信书"带来的"盲目"。

母语教育要担起"发展儿童的心灵"的责任，首先就是怎样使用教材文本的问题。很多教师习惯于先入为主地从文本中分析、发现"语用"的价值，然后在课堂上老老实实地领着学生围绕这些"语用"展开学习活动，并认为在学科本体性知识上做足了功夫，阅读教学万事大吉了。这样的母语教育是单薄的、肤浅的。当然，你可以说课堂上还体会了作者表达的情感，领悟了文章的思想主题，甚至还实现了有感情朗读的目标呢。问题在于，这样数十篇文本走下来，学生的思维发展了吗？学生对文本的内容和表达有自己的判断和思考吗？这些文本与学生的情感、智力生活产生联系发生反应了吗？能经得起这样的追问，你实践的就不仅仅是"课文教学"，而是"母语教育"，并担起了"发展儿童的心灵"的重任；否则，你就离真正的母语教育还有一段很长的距离要走。说白了，造成这种困境的原因就在于我们教师要么没有意识到母语教育的责任，要么自己本身缺乏广阔的视野、思考的能力和批判的精神。

母语教育要"为儿童全生活着想"，要"发展儿童的心灵"，也就是要在母语学习过程中帮助儿童建立起"联系"的观点，启发儿童从不同的维度来观照文本，拓宽视野，链接生活，打开思维，丰富情感，激发探索和创造的热望。实现这一追求，语文教师应该有学科融合的意识，能根据学生需要和文本特点在母语学习中进行多维视角的拓展。多维拓展到底向哪个维度拓展，可以根据学生母语学习和成长的需要，可以根据文本提供的不同信息和契机（内容的、主题的、写法的、作家的、历史的、地理的、科学的、艺术的、哲学的等等），可以根据师生课堂教学中生成的某一个有意思的话题……上面《乡下人家》的学习就是从内容上进行历史的纵向拓展，这一拓展带来的思考、判断和学习实践将呈现新的挑战，为学生打开了一片新天地。再以学习《翠鸟》为例，我们可以很自然地链接有关鸟儿的观察和研究活动，进而可以进行有关鸟的诗文的拓展以及科学探究、艺术欣赏等。我们不一定每遇到一篇文章都做这样的融合和拓展，但教师需时时保有这样的意识，尤其在学习经典的文本时，要很自然地从"为儿童全生活着想""发展儿童的心灵"出发，努力创造丰富多彩的母语实践活动。对于学生的成长发展来说，这是值得的。

"湖光秋月两相和"

——母语教育与电影课程的整合

观影与读书，哪一样对人的精神成长更有益，回答大概没有多大分歧。电影大多是以娱乐的姿态出现，书本是可以用来"修身齐家治国平天下"的——当然，仅仅有书本还远远不够。但是，如果认为电影只有娱乐的功能，又显得武断了，毕竟电影对人的影响因片而异、因人而异、因时而异，世间万物，用好了就会受益。

我们想方设法激发孩子们的读书兴趣，就是为了用阅读来滋养孩子们的心灵，促进孩子们的精神成长。孩子们更喜欢看电影，那么，我们就要像指导孩子们怎么读书一样，引导他们从观影中汲取精神营养。因此，电影课应运而生。

电影课在中国基础教育阶段仍处在探索之中，作为一门课程，它的目标、内容、操作、评价等还没有形成比较成熟的体系，所以大家一般是凭着个人理解和一腔热情边实践边完善。在各种形式的电影课中，将观影与读书充分结合，比那种纯粹地从电影内容出发引发话题交流的做法，视野可能要开阔一些。

母语教育强调课程的融合，当然也重视与电影课程的整合。要进行课程整合，就要研究整合的目的是什么，连接点在哪里，用什么样的方式进行整合。

一、为什么要整合："问渠那得清如许？为有源头活水来"

从艺术表达的角度分析，电影与语文（文学）是两种不同的叙事形式。电影是光和影的艺术，画面和声音是其基本的要素；文学是语言的艺术，文字是其基本的载体。前者是直观的视觉艺术，后者是抽象的视觉艺术。从两种艺术形式产生的先后关系考查，可以说文学是电影的滥觞。因此，电影与文学的许多叙事方式是共通的。例如，结构上文学作品中的倒叙、插叙，电影中也有；电影中有环境渲染，文学作品中有环境描写；电影中有特写镜头，文学作品中有细节描写；电影中有画外音，文学作品中有夹叙夹议……更重要的是，它们都是情感的艺术，都能给受众带来丰富的情感体验。

语文教学与电影课的整合，第一，可以带给学生不同媒介叙事方式的启蒙，尤其在电子影像技术不断更新且获取途径越来越便捷的今天，学生能够学会综合运用不同的叙事方式来讲述故事，表现生活，这是十分重要的素养。第二，正是因为文学是电影的滥觞，语文教学中的很多文本都是电影的"前身"，所以，与电影课的有机整合可以从不同角度来丰富文本信息，促进学生多种智能的综合发展。第三，利用表现手法上的共通之处，可以借助电影促进语言文字运用的学习，也可以借助文本促进对电影艺术的理解。第四，在内容基本相同或相似的情况下，两者往往在某些情节上的取舍又有所不同，这些不同恰好可以成为培养学生批判性思维的课程资源。第五，在网络时代，我们深感纸质阅读的式微，学生尤其容易因为电影等视觉艺术的触手可得，而疏远了传统阅读，我们恰好可以运用课程的整合激发学生阅读和写作的兴趣。

当然，要做好语文教学和电影课程的整合，教师首先要有整合意识。语文教学中，哪些文本有相关的电影资源，这些电影资源与文本最具讨论和启发价值的连接点在哪里，教师要用心发现、辨别，然后再合理运用。教师还要有敏锐的眼光或"嗅觉"，广泛涉猎和了解相关信息和实时动态，及时发现哪些电影可以拿来和学生一起观看，并联系语文教学展开学习活动。

二、怎样整合：相荡生涟漪，相击发灵光

1. 他山之石，可以攻玉：在对比中激活思维，加深理解

（1）同一题材课文与电影内容的对比与发现。北师大版六年级语文教材中"战争"主题单元有两篇小说——《小英雄雨来》和《夜莺之歌》。前者塑造了中国抗日战争时期的小英雄形象，后者塑造的是苏联卫国战争中的小英雄形象，都是二战时期，都是正义战争中的小英雄，仅仅是国度不同而已。两篇还暗含着一个相同的叙事愿景——小英雄最后都取得了对敌斗争的胜利，鼓舞人心。那么，孩子们阅读这样的战争主题小说，战争的残酷性就被遮蔽了，这样的战争教育显然是片面的。战争中长大的孩子经历更多的考验，看到更多的悲剧，有些影响甚至对个体生命的童年带有毁灭性。为了让学生们对战争的认识更全面深刻一些，在阅读两篇小说之后，引入电影《伊万的童年》进行比较，是不错的选择。

在学生欣赏完电影《伊万的童年》后，请他们对电影中的小英雄伊万与课文中的小英雄雨来、"夜莺"进行一番比较，许多孩子很容易将注意力集中在他们的命运对比上。通过对战争本身残酷性的认知，孩子们觉得电影中人物的命运更加真实，战争环境中，享受童年的天真和烂漫只能是幻想。孩子们还看到了，赢得正义战争的胜利，往往需要人们付出难以想象的代价，不仅仅是生命，还包括生命中各种美好的东西。正是出于对和平、对美好生活的追求，人们，包括伊万这样的少年儿童，毅然决然地扛上钢枪奔赴战场。

学生懂得通过比较来发现电影和书本内容的异同，说明学生具有了基本的判断和欣赏能力，批判思维得到了发展。这时，可以从电影的表现形式上再做些延伸。《伊万的童年》中，伊万回忆童年幸福温馨的场面用的是彩色画面，他在沼泽中奔突的场景用的是灰暗的黑白画面。可以启发学生思考：电影导演为什么要这样处理？回到两篇小说，也有异曲同工的表现策略，《小英雄雨来》中鬼子出现前后雨来生活的不一样，《夜莺之歌》开头对环境的描写，都在突出侵略者的可恶、可恨。

（2）同名课文与电影在叙事形式上的对比与发现。电影叙事与文学叙事是两种不同的艺术表现形式。电影塑造人物靠的是直观的画面、动作和声音，文学靠的是抽象的文字。电影很少需要观影者的再创造，因为除了结尾，基本没有"留白"；文学的理解需要阅读者随时参与文本的再创造，它有大量的留白给予读者想象的空间。这在《哈利·波特》的小说阅读和电影欣赏中最容易对比出来。

一个不会在小说阅读中进行最起码的想象创造（将文字在头脑中转换成画面）的儿童，他宁愿重复观看十遍《哈利·波特》系列电影中的任何一部，也不愿意将小说《哈利·波特》用心地读一遍。但是，让掌握了阅读技巧的儿童边阅读文字边描述自己想象到的画面，甚至是画下来，他在观看电影时就有了自己的想法，不再一味地对电脑特技着迷。

学生在交流中，对电影更精彩还是小说更吸引人产生了分歧，这正是自我实现的意识被唤醒的最佳时机。这种交流不必追求深度，更没有必要进行学术性的解读，从感性上区别电影和文学叙事形式的不同，是儿童所能把握的层次。

2. 诗中有画，画中有诗：在融合中相得益彰，相互启发

（1）用电影促进文本感悟，用文本提升观影品质。我们最担心的就是孩子们一旦有机会观看电影，他们就将读书抛到了九霄云外。在一项有关课外阅读与电影的自主意向调查中，60% 的孩子选择了电影，20% 的学生在两者之间摇摆。除了用阅读活动本身来激发学生读书的兴趣外，能不能利用电影来促进阅读，同时用阅读帮助学生选择更具有经典意义的电影来欣赏呢？

我接手的一个五年级班，孩子们基本没有课外阅读的习惯，连《小飞侠彼得·潘》也没读过，他们都习惯了在电视机前打发在家的时光。我有"预谋"地利用课堂时间给他们播放了动画电影《小飞侠》，看完电影后引导他们围绕这样几个问题展开讨论：如果你有小飞侠一样的本领，你会离开爸爸妈妈独自去梦幻岛生活吗？你怎样评价小精灵？为什么小飞侠和海盗都要温迪当妈妈？影片结尾，温迪爸爸看着小飞侠的飞船，为什么会说好像在哪见过？讨论完问题后，我告诉他们：其实，童话小说《小飞侠彼得·潘》中许多精彩的描写在电影中都没有看到，比如书中的小飞侠是有爸爸妈妈的；书中的温迪后来长大了，一天，小飞侠回来看她，发现她结婚了，生了个小温迪……孩子们睁大了眼睛，要我讲讲到底怎么回事，我说：自己看书去吧，书中还有好多电影中没有的秘密呢。

果然，一个星期后再问孩子们，已经有一些人在读书了，而且发现了很多有趣的情节和描写。

阅读也能促进观影品质的提升。师生共读完《草房子》，再一起欣赏电影，关注的便不仅仅是情节和人物形象了。孩子们开始主动提出问题并思考：为什么电影中没有细马这个人物呢？为什么电影中要特别突出桑乔"沐浴"桑桑的尿的镜头呢？其实这正是对作者意图的追问，也开始了对电影表现手法的探寻。

（2）从电影中发现表现手法的共通性。《神偷奶爸2》是一部以亲情为主题的3D动画电影，如果缺失了电影课上的引导，孩子们的兴趣点就会集中在惊险经历和搞笑情节这两个元素上。其实，只要有人提出问题，孩子们的思考和发现马上就会呈现新气象。记得那天下午戏剧老师陪孩子们看完影片就下课走了，正好我也陪着看了，便萌生和孩子们聊聊的念头。第一个问题：看完这部电影有什么感受？孩子们争先恐后地回答：好玩！搞笑！第二个问题：你觉得这是一部表现什么主题的电影？孩子们想了想，举手回答：爱，亲情。瞧，如果没有人提出问题，《神偷奶爸2》留给孩子们的就只有好玩和搞笑了。

进一步：亲情表现在哪里？格鲁为了三个孩子不愿当"特工"，同样是为了孩子当了"特工"，博士为了家人不再助纣为虐……

再进一步：电影中有与亲情有关的前后照应的片段，令人感动，你能回忆起来吗？孩子们认真地回忆，认真地想，有了发现：伊蒂丝两次朗诵赞美妈妈的诗歌。这样的照应手法还在哪里见过呢？当然是课文里，许多文章中都会用到这一表现手法来突出主题。

同样，《伊万的童年》中，伊万失去亲人和家园的情节是通过梦境表现出来的，这与文章中的插叙有异曲同工之妙。明白了这一点，再观察电影中彩色与黑白画面的切换，就看懂了哪是当下正在发生的事，哪是回忆中的往事。

还有我们前面谈到的倒叙和插叙、特写镜头和细节描写、环境渲染和环境描写等，这些表现手法都可以相互借力，让学生更深入地感悟不同表现形式的作用和妙处。

（3）运用电影启发写作，针对性提升表达能力。学生怕习作，根本原因还是不会讲故事，而每一部好电影都是一个好故事，运用电影来帮助学生学习情节的构思、细节的描写，往往会取得令人振奋的效果。

电影课《三傻大闹宝莱坞》之后，正好与学生探讨习作中的细节描写。很多学生几乎没有细节描写的概念和意识，所以即使在阅读中有过聚焦，提起笔来仍茫然无措。我想到了借助电影的直观呈现来帮助学生练习细节描写。当时截取了影片中一段一分钟的情景，让学生观看之后用文字细致地将人物的活动描写出来，结果很快每个人就写好两百字的人物神态和对话细节。反过来，学生也可以用读文字演情景的方式来检查自己习作中的描写是不是很细致。

电影与习作的整合，很多人会想到写观后感的传统。如果每看完一部电影，都布置学生写一篇观后感，不仅电影失去了吸引力，语文学习也失去了吸引力。如果将观后感提升为影评，效果就完全不同了。既然是影评，就要运用一些合适的观影策略，启发学生捕捉评论的切入点，引导学生从不同的角度抒写观影感受，表达自己的见解。这些策略包括：在某个情节点暂停展开讨论，对人物的命运进行猜测，评价电影人物，相同主题或类型电影的比较等等。经过了这样的对话过程，学生写出来的作品就不单单是套路式的观后感了，而是有一定思想含量的影评。能写影评，学生当然感到自豪了。

当然，语文教学与电影课整合的方式还有很多，整合的价值也值得进一步挖掘。有了课程整合意识，并不断探索整合的方式和策略，不断实践、反思、提升，师生视野开阔，学习的品质就提高了。

一篇经典，一段课程生活

——经由《冬阳·童年·骆驼队》展开的母语课程生活

  根据文本本身的特点，再结合学段目标、学生实际和需要来确定一篇文章的课堂学习价值，这是针对每一篇学习文本而言都应该遵循的一个原则。进入课堂的文本多姿多彩，无论是内容还是文体，或者具体的写法，都蕴含着独具价值的学习目标。对于不同的文本，如何运用以发挥其最适切的母语学习价值，是摆在每一个语文教师面前的现实课题。有些文本一文一得即可，有些文本却具有多维拓展的价值，需要既对其自身进行细读，又以其为起点，开启一段丰富多彩的课程生活。具有多维拓展价值的文本，一般都是可以被称为"经典"的文本。既然是经典，就有必要在学习过程中，通过课程生活的建构，让其经由各种相互关联的学习活动发挥出独特而丰富的母语学习价值，并使经典本身沉淀于学生的精神生命中。

  经由一篇经典文本开启的"为儿童全生活着想"的多维拓展式学习活动，会因为文本的不同而有不同的拓展维度和路径。学习林清玄的《百合花开》，就语文本体性学习而言，可以有内容维度（以花为描写对象的文本）、写法维度（借物喻人的写法）、作家作品维度（林清玄的相关文章）的拓展；在跨界整合性学习、立体课程生活建构的理念指导下，还可以有科学（种花、观察研究花）、艺术（绘画、音乐等）、哲学（"一花一世界"）等维度的拓展。这些拓展不是天马行空的，而是根据学生的兴趣和成长需要，精心进行课程规划，使每项拓展学习活动之间建立起逻辑联系。再如，学习苏叔阳的《理想的风筝》，可以从内容维度拓展学习回忆小学老师的文本，从作家作品维度引导阅读苏叔阳的《中国读本》，还可以研究"风筝"与"理想"是怎样建立起联系的。下面我们以林海音的《冬阳·童年·骆驼队》的学习实践为例，具体谈谈怎样建构一段以经典文本为起点的、"为学生全生活着想"的母语学习课程生活。

一、作为经典，这是一个怎样的文本

《冬阳·童年·骆驼队》是林海音为《城南旧事》写的出版后记。读过《城南旧事》中的五篇短篇小说，再读这篇后记，我们就明白了林海音为什么要写下那些城南旧事。即使单单读这篇后记，就有很多值得在母语课堂上涵泳咀嚼的滋味。

1. 真实的童年

与儿童在第一时间产生共鸣的，是文中呈现的真实的童年。冬日暖阳下，那么投入地注视一队停在门口的骆驼，沉醉着，好奇着，以至于不知不觉学起了骆驼咀嚼草料的动作，追着爸爸讨论骆驼脖子下的铃铛……冬去春来，看见骆驼肚皮底下的绒毛不齐整，生出拿剪刀为它们剪一剪的念头。因为这样专注过对骆驼的观察、猜想、用心用情，等到夏天"再不见骆驼的影子"时，就想念起它们来，追着妈妈问"夏天它们到哪里去"。这就是真实的童年，好奇，执著，单纯，天真……读着这样的故事，有多少人不会想起自己童年专注过的事物和类似的经历呢？

2. 优美的语言

开篇，简单的一句话："骆驼队来了，停在我家门前。"我们知道，故事开始了。自自然然，温文尔雅，娓娓道来，节奏是那么舒缓，没有一句精雕细琢，读着读着就有了将人融化的感觉。"那样丑的脸，那样长的牙，那样安静的态度"，整篇文章的语言都是这样朴实而优美的，营造了童年的纯真，也营造了回忆的沉静。

3. 真挚的情感

一篇一千多字的短文，读完后让人沉醉半晌，因为它用字里行间的真情拨动了我们最柔软的那根心弦。童年经历的人与事，不管是美好的还是忧伤的，回忆起来总是有一份真挚的留恋，一份纯美的怀想。"我默默地想，慢慢地写，又看见冬阳下的骆驼队走过来，又听见缓缓悦耳的铃声。童年重临于我的心头。"读着这充满真情的叙述，童年一定也重临于心头吧；正值童年的孩子们读到这儿，也一定会想起自己昨天经历的"那些景色和人物"吧。

因为文本里有如此真实的童年、优美的语言、真挚的情感，所以课堂上就有了用心品读和欣赏的必要，课堂对话就有了源自学生需要的话题。就文本内容而言，聚焦"我"对骆驼队的关心，也是聚焦童年的生活和心思；就语言表达而言，最值得品味和习得的是那"怀想"的节奏，舒缓、安静，如"那样丑的脸，那样长的牙，那样安静的态度"，又如"我默默地想，慢慢地写，又看见冬阳下的骆驼队走过来，又听见缓缓悦耳的铃声。童年重临于我的心头"。这属于文本本身的语文本体性学习范畴。在此之外，文本还自然而然地打开了具有"为儿童全生活着想"价值的学习空间和路径，为一段有意思的课程生活的建构奠定了基础。

二、作为经典，它开启了怎样的一段课程生活

经典文本的价值不仅在文本本身，对于母语教育，它理应承载起更多的职责。经典对于学习者而言，在学科之外，还有生活、文化、思维和精神等多维的价值。《冬阳·童年·骆驼队》也不例外。

1. 那些令人回味的童年故事

《冬阳·童年·骆驼队》中的故事是片段性的，是白描的，是简单的，然而却深深地吸引了读者，吸引了学生，那是因为，"我"和骆驼队之间的故事里有童真童趣，有儿童最容易共鸣的好奇心。学生读了，会心领神会，会向往，也就会很自然地联想到更多的童年故事——别人的和自己的。在这样的期待中，阅读更多描写童年故事的文章就成为学生学习的需要。萧红的《祖父的园子》、赵丽宏的《童年笨事》、露丝·麦克纳利·巴沙尔的《带着笔，去旅行》等适时进入课堂，晨诵的时候还可以诵读、欣赏杨万里的《舟过安仁》、吕岩的《牧童》等，童年的故事

就丰富起来了。

体会童年故事多姿多彩的同时，思考、发现不同文本是怎样将童年的故事生动地呈现在读者面前的，领悟细节描写的作用，是一项重要的学习目标。例如《童年笨事》中写"我"趴在地上闻摩托车排出的黑烟："那一瞬间的感觉，我永远不会忘记——随着那机器的发动声轰然而起，一团黑色的烟雾扑面而来，把我整个儿包裹起来。根本没有什么美妙的气味，只有一股刺鼻的、几乎使人窒息的怪味从我的眼睛、鼻孔、嘴巴里钻进来，钻进我的脑子，钻进我的五脏六腑。我又是流泪，又是咳嗽，只感到头晕眼花、天昏地黑，恨不得把肚皮里的一切东西都呕出来……"几句话将作者当时做了笨事而遭遇的狼狈表现得淋漓尽致。《祖父的园子》中，写"我"硬要把狗尾草当成谷子，还要证明给祖父看的语言、动作描写，使一个天真的儿童形象跃然纸上。课堂上，要通过思考、批注、交流等学习活动细心品味，欣赏语言文字的运用，习得具体的表达方法。

读过这些描写童年故事的文本和诗歌，学生心中自己的故事就蠢蠢欲动了，写作就成了一件快乐的事情。当让孩子们交流自己的童年"笨事"时，他们几乎迫不及待了，很快，他们笔下流淌出了一件又一件充满童真童趣的"笨事"——

六岁那年，表妹常到我家来，和我做伴陪我玩。一次，表哥神色慌张地跑到我面前，对我和表妹说："你们俩帮我个忙，我给你们棒棒糖吃。"自从妈妈给我们买过一次棒棒糖后，那甜甜的味道让我难以忘怀。于是我二话不说就答应了。表哥滔滔不绝地讲着，我却想着棒棒糖的味道，只记住了"你们帮我背一次黑锅吧"。我们拉了钩，表哥就走了。

"背黑锅"，这黑锅到哪儿去找呢？这时，我想起妈妈中午煮青菜汤的锅，虽然不是很黑，但也算黑锅吧！我搬来椅子，站上去把锅拿了下来。这锅还挺重的，如果没有表妹扶着椅子，我非摔个四脚朝天不可。

我背上锅走进了客厅，忽然听见妈妈尖利的声音："是谁把金鱼撑死的？"她看见我背着黑锅和妹妹走过来，好奇地问："你们这是干吗呢？"我想都没想，就说："帮表哥背黑锅呢！"妈妈一开始还没明白怎么回事，可过了一会儿，便哈哈大笑起来，笑得眼泪都出来了。我和表妹互相看着对方，还没明白过来。

如今，四年级的我懂得了很多东西，当然也明白了"背黑锅"的意思，每当回忆起这件童年趣事，就忍不住要偷偷笑起来。嘿嘿，童年的我们真是傻得可爱呀。（吴彤《背黑锅》）

回到家，我让妈妈把小金鱼放在了鱼缸里。我看着它们在鱼缸里上上下下，左左右右，你追我赶地游来游去。我想它们是不是饿了呢？我趁着妈妈不注意，偷偷地把鱼食打开，用勺子盛了一小勺，放到了鱼缸里。看到它们用大大的嘴，飞快地吃着，不一会儿就吃完了，我又偷偷地放了一小勺鱼食到鱼缸里。越放越觉得它们没吃饱，不知不觉，放了5勺鱼食。这时妈妈喊我："吃饭了。"在去吃午饭时，我还在心里对小鱼们说："你们慢慢地吃吧，我也去吃饭了。"

吃过午饭，妈妈让我睡午觉，我想，小金鱼也该睡午觉了。所以我乖乖上床，睡觉了。睡醒后，我急忙跑到鱼缸前面，去看看我那五条小金鱼是不是也睡醒了。我一看，五条小金鱼肚子大大的，都翻着身子，在水中飘着呢。我急急忙忙地叫妈妈，妈妈过来一看，对我说："小金鱼都撑死了，你是不是在我做午饭的时候，喂了好多鱼食呢？"我低下头回答道："喂了，喂了5小勺。"妈妈对我说："这就对了，就是撑死的，看看它们的肚子大大的，正是吃了太多的鱼食，消化不了，最终死去。"我伤心地哭了。（刘子畅《喂小鱼》节选）

经由一篇经典文本，带来这样一段丰富的阅读和表达生活，将会在学生的母语学习经历中留下深刻的印记，又能给学生的精神成长带来丰厚的滋养。

2. 一本书，一部电影

从《冬阳·童年·骆驼队》到《城南旧事》整本书阅读，是一件十分自然的事情，因为林海音在文中写道："就这样，我写了一本《城南旧事》。"所以，孩子们就兴致勃勃地打开了《城南旧事》，读到了秀贞、妞儿、宋妈、兰姨娘、小偷、爸爸等一个个鲜活的人物，看到了80多年前北京城南的"景色和人物"。尤其是，他们小小的心灵，和英子一起快乐和忧伤着，为英子身边的每一个人、每一件事。

读过书，再来欣赏电影。这部1983年上映的电影，差不多与孩子们的爸爸妈妈同龄了。第一眼看到荧幕上跳跃着显示其"悠久"年代的光点，孩子们的失望大过期待。但是，看着看着，孩子们就安静了下来，被人物和情节深深吸引了——虽然电影中呈现的两个主要故事已经在书中读到过。孩子们发现，电影虽然靠的是声与光来叙事，却与《冬阳·童年·骆驼队》一文所营造的情感氛围、心理节奏是那么一致，尤其是主题曲《送别》，帮助孩子们更深刻地领会了林海音在文章中表达的怀想之情。

电影选取了书中《惠安馆》《我们去看海》这两个故事，对于孩子们，它们的意义在哪里？不管电影的创作者想要表现怎样的主题，孩子们自有孩子们的理解与思考，适合他们的视角是和英子一起去经历和感悟与童年相遇的这些人和事。

小说和电影一起让人物形象更加鲜活、丰满，使人物生活的环境更加具象，孩子们的思考和理解也就有了更多的信息支撑。在交流中，电影与小说互相印证，互为补充，孩子们的收获也就更加丰厚了。

3. 一样的情感，一样的节奏

很有意思，林海音在《冬阳·童年·骆驼队》中选择了骆驼队作为寄托对童年怀念的意象。为什么会是骆驼队而不是别的事物？文本从不同角度提供了答案：骆驼特殊的样子和姿态对英子的吸引，老师教育她"要学骆驼"，骆驼队是当时北京城南的一道风景……更重要的是，骆驼的"慢"正好契合表达怀念之情的心理节奏——整篇文章读起来，缓缓的，纯净的，还有一丝淡淡的忧伤。

想起了歌曲《梦驼铃》，一样的舒缓的节奏，一样的怀念的情感。所以，就把它带进了课堂，和孩子们一起欣赏、体会、比较。再联系电影的主题曲《送别》，进一步发现，相通的情感，一样的节奏。艺术都是用来表达思想和情感的，不同的艺术在情感表达上有着相通的密码。当孩子们发现这一点的时候，学习就变得更有意思，更有挑战性了。而这样的学习，对于孩子们综合素养的提升来说，是很宝贵的吧。

当然，从《冬阳·童年·骆驼队》出发，建构一段丰富的课程生活，还可以做很多有意义的事情。比如，从社会历史的角度，引导孩子们一起研究不同年代里北京城南儿童的生活；了解林海音更多的资料，阅读她更多的作品……

这就是从一篇经典文本出发创造出的一段课程生活。如果我们在母语教育过程中，经常能陪伴孩子们一起经历这样的学习历程，孩子们视野的拓宽、情感的丰富、思维的发展就拥有了坚实的基础和宽广的平台。我想，当"核心素养"成为课程实施的追求时，这样的母语教育思路和实践，或许是一个负责任的选择。

课程逻辑下的《射雕英雄传》共读

一、为什么读《射雕英雄传》：课程选择的逻辑考量

有计划地促进人的成长和发展的课程，包含了对育人目标、教学内容、教学活动方式等的规划和设计，是教和学诸多方面实施过程的总和。简单地说，课程是为作为个体和社会人的学生的发展服务的，既体现了国家意志，又关注了个体生命的自我实现。具有如此重要地位的课程，无论是广义上的"总和"，还是狭义上的某一学科或者某一主题的教学设计和实施，都必须是有逻辑的，经得住追问和评价的。

一般而言，一个教室里的主题化或单元化的母语课程，应该符合三个方面的课程逻辑。一是理念逻辑，即具体课程遵循的教育理念是清晰的；二是儿童成长逻辑，即课程的目标定位、内容选择和活动设计等，契合学生的身心发展规律，以学生的成长需要为出发点；三是内容和目标逻辑，即课程内容和目标应该是以课程标准为基本依据的，能保证"基于标准的学习"的落实。这三个逻辑是相互联系，互为参照的。只有同时在这三个逻辑范畴内都具有合理性的课程，才是安全的、有价值的课程。

我们五年级的第二本共读书是金庸的《射雕英雄传》，这是"历史的足迹"母语主题课程的一部分。武侠小说有很多，为什么共读的是《射雕英雄传》？课程逻辑体现在哪儿？

首先要遵循的当然是育人的课程理念。"为儿童全生活着想"，促进学生的全面发展，多维度发展学生的心灵，是我们母语课程的理念追求。所以，整本书阅读要有宽广的视野，要在不同时期为学生打开不同朝向

的门户。五年级的学生已经进入前青春期，对世界的探索与心理发展的需求，在经历了以天真为底色的儿童小说阅读（如《一百条裙子》《夏洛的网》《特别的女生萨哈拉》《绿野仙踪》《淘气包马小跳》等等）之后，有了鲜明的变化，与理想有关的整本书阅读成为一种需要，具有浪漫情怀的科幻、武侠小说的阅读也成为一种需要。

其次，这时候共读《射雕英雄传》，满足了孩子们在内心建构武侠式江湖的心灵需求，也促使他们思考、探索"英雄"的真意，并将习得的认知迁移到同伴相处、自我行为的调节中。也就是说，这时候共读《射雕英雄传》，是符合学生心理需要的选择。《射雕英雄传》因为故事背景的历史性和人物形象的多样性，在带给学生更加丰富的阅读体验的同时，也给学生如何理解、评价故事情节和人物带来了新的挑战。这无论是在心理发展还是思维发展上，都会带给学生新的阅读体验，为他们的成长提供新鲜的营养。

再来讨论内容和目标逻辑。《射雕英雄传》作为一部武侠小说，呈现给读者的却不仅仅是一个武侠的江湖，而是不同民族历史的江湖、文化的江湖。研读这部小说，学生可以从多个维度汲取营养。从历史维度，通过这部小说，可以大致了解南宋末年的社会动荡、政治风云、民族矛盾；从文化维度，《射雕英雄传》也堪称"百科全书"，诗词、饮食、算术、易经、地理人文、兵法战阵、武术骑射等等都值得细细品味，丰富知识和语言积累；从人物塑造上，既可以看到不同人物性格的丰富多彩，又展现了主要人物成长的历程；学生还可以从小说中看到几种截然不同的爱情故事，引发他们的思考……当然，这部小说的作者也很重要。金庸与古龙、梁羽生并称为中国武侠小说三大宗师。三人中，金庸的影响和贡献是最突出的，他不仅是现代武侠小说的集大成者，也是中国文学史上不可忽视的一代名家。一部《红楼梦》催生了"红学"，一个金庸催生了"金学"——虽然金庸不赞成有"金学"，但他的作品的确值得一读。让孩子们尝试着研究研究成就辉煌的金庸先生的《射雕英雄传》，未尝不是一件既有意思又有意义的事情。

另一个重要的考量是，共读《射雕英雄传》是与《历史的足迹》主题读本的学习一起展开的，它们都是同一主题下的一段母语课程生活的组成部分。

更重要的是，孩子们早就期待着一起读一读《射雕英雄传》了。

二、怎样读《射雕英雄传》：课程实施的行动和目标选择

共读要"以学为中心"，要"以人为本"，不必强求统一。那么，是否可以从一开始就放手让学生"自由"地读呢？教室里的共读，对于怎样读应该有针对性的、普遍意义上的指导和要求；读的基本目标定位，应该既要面向全体，又有个别化考虑。一节导读课之后，共读历程开启了。

1. 怎么才算"读完"了《射雕英雄传》

之前在共读《三国演义》的时候，有的学生因为阅读兴趣不够以及阅读策略运用能力、意志力的欠缺，导致读得不扎实，甚至有人没能读完。《射雕英雄传》的阅读，基本上没有了语言形式上的障碍，读完它，似乎应该是一件平平常常的事——只要稍有意志力。但是，从第一回读到了第四十回，就算读完了吗？当然不是。我们运用了四个"工具"来助力共读并检测学生的阅读情况。一个工具是时间表。在教室里开启第一回的阅读，检测自己认真读完一回需要的大概时间，再制订属于自己的阅读时间表，争取按照计划读完第一遍。第二个工具是批注，这是常用的阅读工具，随时在自己感兴趣的地方批注想法、疑问等等。为了保证自己的阅读质量，经过商量，大家认为每回批注不少于五处。第三个工具是概括每回的故事内容，借助阅读《三国演义》的方法，抓重要事件和主要人物，理清每回的故事内容写下来。第四个工具是"聊天"，随时用随意的姿态，聊一聊具体故事情节中的人物行动和自己的感受、想法。合理、充分利用了这四个工具，并能呈现出具体工具运用的成果，才算真正读完了整部小说。

2. 读完后干什么

用心读小说的孩子，心中都会有感兴趣的话题想与同学分享。阅读过程中，我有时在教室里提起其中的某个人物，马上就有学生争着发表自己的看法，或者有些男孩女孩会"练练"小说中的武功。读完之后，还像以往一样，品评人物，谈谈感受，写写读后感，分享分享阅读手账吗？不同的读物，在一定的学习阶段，其课程价值是不一样的。五年级共读《射雕英雄传》，面对这样一部总字数达到 115 万、内容丰富的巨著，最好的选择是"研究"它。研究什么？当然是先让孩子们自己来提供话题。在孩子们提供话题的基础上，师生再一起梳理，留下了这样十多个研究话题，供他们自主选择——

（1）书中谁的武功最高？你是怎么做出这一判断的？

（2）郭靖并不爱华筝，可华筝还是那么痴情。你怎样看待她的行为？

（3）铁木真大汗杀敌无数，占领了很多国土，同时也杀害了许多无辜百姓，你怎样看待他的做法？你觉得他的做法对不对？为什么？

（4）对比分析、评价下面不同人物的爱情故事。

周伯通与瑛姑　杨康与穆念慈　郭靖与黄蓉

（5）如果最后郭靖没有去参加华山论剑，你觉得后面的故事是怎样的？请把你的想法写下来。

（6）梳理郭靖和杨康的成长历程，进行比较，分析他们为什么都是侠义英雄之后却走上了不同的人生道路。

（7）小说开头用了一首诗，你觉得金庸为什么要写这首诗，并且把它放在开头？

（8）很"笨"的郭靖为什么能学成那么了不起的功夫？

（9）故事里有主角，主角需要配角搭戏或衬托。你认为《射雕英雄传》中谁是不可或缺的重量级配角？为什么？

（10）《射雕英雄传》中引用了哪些诗词？分别是在什么情况下引用的？具有怎样的表达作用？

……

每个学生从上面的话题中选择一个自己最感兴趣或最有想法的，再次读书梳理，形成自己的观点，进行深入研究。

3. 怎么研究

有了话题，怎么研究呢？有些话题，孩子们能很快给出自己的想法，但这不是研究。研究需要方法和策略支撑，需要把问题想透了，需要拿出有力的证据来证明自己的观点。经过师生的讨论，大家觉得需要做好这样几件事：(1) 选定话题后，要根据自己阅读整部小说后的整体印象，初步确立自己的观点；(2) 再次打开小说，带着话题浏览或选择重要内容细读，为自己的观点寻找依据并在书中做上记号，同时根据故事内容修正自己的观点；(3) 进一步将自己的观点和依据梳理清楚，准备撰写研究报告或评论。

这是一个具有挑战性的学习活动。为了让孩子们能集中精神、细致踏实地进行研究，我每天至少保证他们能有一整节课，静静地阅读、思考、标记。

等到孩子们觉得观点成熟了，依据找足了，接下来就是撰写研究报告或评论了。四年级的时候已经写过《三国演义》的人物评论，这学期又利用中午时间分享过《西游记》的话题报告，孩子们已经懂得了这类文章的撰写，最关键的是做到"有理有据"。所以，我们一起梳理了撰写报告或评论要注意的三个关键词——观点鲜明、证据充分、条理清楚，并将这三个关键词打印下来，连同报告或论文撰写的思路，张贴在白板上，以便时刻提醒大家，不要空谈想法。为了打开孩子们的思路，让他们的表达既规范又不失个性，我还在课堂上与他们分享了梁归智写的《〈三国志演义〉的帅哥之谜》，从作者的写法中得到启示。

在进行研读的过程中，有的孩子又发现了新的研究话题，这是令人惊喜的收获。顾元昊告诉我，他再次阅读，发现小说第一回中出现的曲三，应该就是黄药师的徒弟曲灵风。我说："那你就研究这个吧。"他非常自信地说："好！"他还很果断地给自己的文章取名为"曲三之谜"。

三、有怎样的收获：言语思维的发展和多样表达的呈现

1. 研究报告成果

前后用了一个星期时间，孩子们经历了第一稿的分享、讨论，然后进行修改，终于完成了自己的得意之作，展现了共读中言语思维品质的提升。

先来欣赏一下顾元昊的《曲三之谜》。

我认为，曲三就是曲灵风。因为相似之处太多了！例如他们的住处。

曲三在牛家村住，《射雕英雄传》的第一回中写到了曲三：

杨铁心道："曲三，怎么了？你说我们骂秦桧骂得不对吗？"那跛子曲三道："骂得好，骂得对，有什么不对？不过我听得人说，想要杀岳爷爷议和的罪魁祸首不是秦桧，秦桧做的是宰相。议和也好，不议和也好，他都做他的宰相。可是岳爷爷一心想灭了金国，迎接徽钦二帝回来。这两个皇帝一回来，高宗皇帝又能做什么呀？"他说了这几句话，就一跛一拐地又去坐在板凳上抬头望天，又是一动不动地出神。这曲三，瞧他容貌不过二十来岁年纪，可是弯腰弓背，鬓边见白，从背后瞧去，倒似个老头子模样。

曲灵风也在牛家村。

再看看《射雕英雄传》第二十三回：

黄蓉呆了半晌，心念一动，抢过去拔起铁箱上的尖刀，凑近火光时，只见刀上刻着一个"曲"字，不由得冲口而出："躺在地上的是我师哥，是曲师哥。"郭靖"啊"了一声，不知道如何接口。黄蓉道："陆师哥说曲师哥还在人世，岂知早已死在这儿……靖哥哥，你瞧瞧他的脚骨。"郭靖俯身一看，道："他两根腿骨都是断的。啊，是给你爹爹打折的。"黄蓉点头道："他叫曲灵风。我爹爹曾说，他六个弟子中，曲师哥武功最高，也最得爹爹欢心……"说到这里，忽然抢出洞去，郭靖也跟着出来。

这说的是在牛家村找到傻姑的时候。

偷珠宝也是他们共同的特点。

当然，都折了腿。

最重要的一点是铁八卦。

曲灵风有铁八卦，体现在《射雕英雄传》的第二十三回：

郭靖瞧见了她手中之物，也是"啊"了一声。黄蓉道："你识得么？"郭靖道："是啊，这是归云庄上陆庄主的八卦。"黄蓉道："这是铁八卦，可必不是陆师哥的。"郭靖道："对！当然不是，这两人衣服肌肉烂得干干净净，少说也得有十年啦。"

而第一回中有这一处描写：

曲三道："劳驾！"将铁八卦收入囊中……

所以我认为，曲三是曲灵风。

住处、腿折、偷珠宝、铁八卦，四个依据，证明自己的发现和观点。如果没有用心细读，是不会找到这些依据的。

再来看看戴子茜的《谁是重量级配角》：

在《射雕英雄传》中，如果说郭靖黄蓉是毫无疑问的主角，那么我认为还少不了六个重要的配角。他们分别是段天德、哲别、江南七怪（群像，此处作为一个整体来看待）、洪七公、梅超风、杨康。

段天德带兵去捉郭啸天和杨铁心，还带走了郭啸天的妻子李萍，带着她跑到了焦木那里，害焦木被冤枉，江南七怪和丘处机都受了伤，最后还杀死了焦木。他可真是个大坏蛋啊！不过，他虽然非常坏，但也是一个重要的人物。这是为什么呢？因为他如果没有去捉郭啸天和杨铁心，他们可能会一直平静地生活下去，郭靖和杨康也会学一些武功，但肯定不会有那么厉害。这样一来，故事的开头就不太对了，而且内容也不会像现在的小说这样那么精彩了，因为在一个小村子里不会发生太多的故事。如果场景一直就在村子里，肯定也会让我们觉得很没有意思。我真没有想到段天德能有这么大的作用，原来一个特别坏的人物也是有可能成为重量级的配角的。

……

　　洪七公是个厉害的角色，黄药师有几个弟子，但是出场次数比较多的人也就梅超风一人。梅超风虽然没到第二十回就死了，但我认为她是个重要的配角，原因一共有两个。第一，跟江南七怪是重量级配角的一个原因一样，其中一回的标题中有她的名字。江南七怪的名字出现在第二回的标题中，第四回的标题"黑风双煞"指的就是梅超风和她的丈夫，这一点说明了她肯定很重要。第二，梅超风出场次数很多，并且每次都会比较详细地写她。比如在第四回中写道："只见那女子绕着男子缓缓行走，骨中发出微微响声，她脚步逐渐加快，骨节的响声也越来越响，越来越密，犹如几面羯鼓同时击奏一般。"这两个原因可以证明梅超风是一个重要的配角。

……

　　戴子茜同学的研究报告，有两千多字，有理有据地分析了段天德、哲别、江南七怪、洪七公、梅超风、杨康等为什么是重量级的配角，虽然有的理由考虑还不够全面，但仍能看出思路是相当清晰、缜密的。完成这样一份研究报告，既体现了作者认真的研究态度，也体现了合适的研究方法的运用，还展现了作者一定的逻辑思维能力。

　　邱佳睿同学研究了《射雕英雄传》中的诗词。她运用表格的形式，根据不同的情感或主题（家国忧思、悲欢离合、似水柔情、运功法则）——虽然分类标准不够统一——将小说中引用的古诗词进行了分类，然后选择其中的几首分析作者的引用目的和表达效果。这样，分散在小说中的古诗词就通过精心梳理，很清楚地展现在我们面前，让我们既见识了金庸深厚的文化底蕴，又感受到了古诗词的魅力。

　　像这样思路清晰、理据充分的分析报告或论文还有很多，例如于家澍同学讨论忽必烈西征的功与过，刘曼同学分析第一回中引用的戴复古的《淮村兵后》在小说中的价值，吴彤同学分析小说中谁的武功最高，刘子畅同学讨论华筝对郭靖痴情的对与错等。

2. 戏剧改编和演出

每学期的期末庆典都会有戏剧演出。共读《三国演义》后，有学生将"诸葛亮舌战群儒"改编成剧本，自导自演，呈现了对经典文本的创造性的多样表达。这次，邱佳睿同学又将《射雕英雄传》中郭靖黄蓉初遇洪七公那一段，改编成了剧本《好逑汤》，并自导自演，为期末庆典带来了精彩。

四、结语：整本书共读的美好境界

整本书共读课程的方式可以是多样的，目标应该是多元的，这既是学生的不同需要所决定的，也是文本本身的特点所决定的。我们共读了台湾作家王淑芬的《5 年级意见多》，共读的目的是引导学生有意识地关注和思考自己的班级生活，借鉴《5 年级意见多》的写法书写自己的班级故事。自共读以来，有十多个孩子坚持书写自己观察到的、感兴趣的班级故事，最多的已经写了 12 章 15000 多字。共读《射雕英雄传》的目标也很明确，一是感受武侠小说的一般特点，激发学生自主阅读优秀武侠小说的兴趣；二是从不同角度发现武侠小说丰富的内涵，学会在阅读中建构自己的观点；三是通过读写演等实践活动，培养学生良好的思维习惯，发展学生的言语逻辑思维能力，提升学生的思维品质，丰富学生的多样表达。

共读是一种母语课堂生活方式，也是一种成长方式。共读中，我们不仅需要向内的角色体验，也需要开放的角色评价；不仅要能够走进文本和故事情境之中，还要能够用欣赏、批判的姿态与文本从多维度展开对话；不仅需要建设属于自己的精神家园，还需要文化的浸润，语言的积累，故事建构能力以及思维品质的提升。在追求静静享受阅读诗意的同时，不断收获理性思考带来的回馈，这是小学高年级整本书共读的美好境界。这次，我们做到了。

第四辑

母语课程样本

主题课程"一鸟一春天"（三年级）

一、课程缘起

母语学习要从儿童立场出发，以儿童的情感需求、认知特点、生活体验为基础，建构真正促进儿童全面发展的课程体系，创造有联系的、丰富多彩的课程生活。这一理念使面向儿童的教育真正做到了立足现实，面向世界，指向未来，为核心素养的形成奠基，为个体的人生幸福奠基。基于全生活理念的母语学习，就是要通过课程的设计和实施，帮助学生建构"有联系的"阅读生活，在促进整体认知的诉求中实践儿童立场的母语教育。

母语学习应该如何进行课程规划，使学生围绕一个主题或话题，从多个维度收获成长呢？手头已有的三年级读本《在春天里长大》编排了四个单元，分别是"春天的庆典""春天的秘密""指尖上的春天""在春天里长大"，再加上与春天节气、季节特点等相关的古诗文的晨诵，已经是一个很丰富的有关春天的课程了。但是，在课程实施过程中，我们发现单元主题下的选文涉及了春天的节日、节气、花草树木、艺术等，却忽视了春天的精灵——鸟儿，这就与学生最熟悉的生活失去了一个重要的联系，学习的境遇就缺少了一份亲切。正好我赴新疆进行课程指导时，一个学校临时请我上节三年级的课，课文是《翠鸟》。为了让大家认识到，"为儿童全生活着想"理念下的母语课程构建和实施，可以在任何学校、使用任何版本教材的不同年级得到贯彻应用，我以课程融合的实践方式，为他们上了一节课，并在课后向大家介绍了我的课程设想。这样，"一鸟一春天"主题课程就正式落地生根了。

二、课程内容简介

母语课程生活要从学生最熟悉、最感兴趣的地方生发，这样才能使母语学习拥有叶圣陶先生所提倡的"一种特设的境遇"。"一鸟一春天"主题课程，从走近生活中的春鸟开启，正是基于这样的考量。

走近春鸟，研究春鸟，是课程生活中的重要部分，但不是课程的核心目标，核心目标要落实在母语学习上。课程开启之后，母语学习内容的规划和实施就成为重点。下面是文本学习的思路和规划：

主题诗：臧克家的《春鸟》（片段）。

晨诵：王维的《鸟鸣涧》、杜甫的《江畔独步寻花》、白居易的《钱塘湖春行》、张志和的《渔歌子》、高鼎的《村居》。

课堂学习文本：菁莽的《翠鸟》、郑振铎的《燕子》、郭以实的《鸟儿的侦查报告》、吴忌的《鸟是树的花朵》（节选）、苇岸的《鸟的建筑》。

表达实践：鸟的外形描写、《鸟儿的侦查报告》仿写、一种鸟的研究报告。

母语学习展开的同时，适时分享有关春鸟的摄影展、"歌声秀"和绘画展，欣赏国画中的花鸟画。这些都是为母语学习提供丰富多彩的生活境遇，为具体的读写提供思路和素材，而不是简单的活动的堆砌。

这一主题课程大概历时两周。

三、课程叙事分享

1. 走近身边的春鸟

整体认知是一种融合性的、全面的、批判性的认知，阅读一篇文章，如果具备了丰富的知识和生活背景，就可以很自如地从不同角度与文本进行对话，所得就会更加丰厚。脱离了学生的生活经验和体验，只是将几篇有关鸟儿的选文带到学生面前，哪怕使出十八般武艺，也很难让学生以主体的身份建立起对春鸟的初步的整体认知。基于这样的思考，课程的开启就指向了必要的知识和生活背景的积累。

活动一：观察研究身边的鸟儿。如果要研究一种春天的鸟儿，你会从哪些方面研究呢？让孩子们经过思考讨论，填好研究结构图（如右所示）。再想一想这个春天里，自己身边出现过哪些叫得出名字或爸爸妈妈知道名字的鸟儿，把它们的名字一一写下来。紧接着就可以从中选一种来研究了。孩子们先尝试自己制订

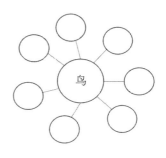

一个简单的研究计划，教师再提供研究报告的格式，利用一个周末，孩子们通过资料搜索和观察体验的方式完成研究报告，除了要了解鸟儿的科属、生活习性、生长繁殖等方面的情况外，还要了解与这种鸟儿有关的文化，初步感知它与人的关系——隐含的是人与自然的关系。

活动二：录下鸟儿的歌声，拍下鸟儿的倩影。这是一项很有意思的活动。春暖花开，鸟儿的歌声最热闹、最嘹亮的时节，倾听并用手机等工具录下一段鸟儿的鸣声，或许有心的孩子会听懂鸟儿的歌唱吧。亲手拍下鸟儿的照片，留下鸟儿驻足、跳跃或飞行的瞬间，该是一件很有成就感的事情吧。当孩子们将自己录下的鸟鸣、拍下的照片发到班级群里时，我发现大家都争先恐后地下载欣赏。再将音乐《鸟语花香》推荐给孩子们，春天的鸟儿，鸟儿的春天，就在孩子们心中留下了生动的美。

2. 亲近母语中的春鸟

有了与身边的春鸟近距离接触的实践体验，该将有关鸟儿的文本带给孩子们了。

哪些文本适合春天的鸟儿主题，又适合三年级孩子呢？那就要考虑清楚，这一主题下的母语学习，我们要促进孩子们有怎样的成长和发展，哪些维度的阅读是孩子们需要的。首先是文化的浸润。古人似乎与自然更加亲密，他们留下了许多与花鸟虫鱼有关的诗词，让花鸟虫鱼在诗词中鲜活着。描写春天鸟儿的诗词大多传达的是积极美好情感，如王维的《鸟鸣涧》、杜甫的《江畔独步寻花》、白居易的《钱塘湖春行》、张志和的《渔歌子》、高鼎的《村居》等等。这些就顺理成章成为了晨诵诗文的

选择。臧克家的现代诗《春鸟》（片段）被选择为这一主题晨诵的主题诗，"你的口 / 歌向草木 / 草木开出了青春的花朵"，这样的诗句正好与孩子们研究鸟儿、倾听鸟儿歌声的实践体验有了呼应和共鸣。晨诵在孩子们录制的鸟鸣声中开启，每诵读一首与春鸟有关的古诗词，孩子们都能很自然地走进诗歌情境和氛围，声音里是春的生机，眼神里是春的阳光。

接下来是有关春鸟的现代文学习。这是阅读欣赏与学习表达的主阵地，是主题维度与写法维度的融合。我们从大量选文中精心挑选了菁莽的《翠鸟》、郑振铎的《燕子》、郭以实的《鸟儿的侦查报告》作为课堂学习的主要文本，吴忌的《鸟是树的花朵》（节选）、苇岸的《鸟的建筑》作为补充阅读文本。有了比较丰富的知识和生活背景，母语的课堂学习就充满了情趣，思维拔节的声音是那么悦耳。

因为有了有关鸟儿的研究报告作为铺垫，《翠鸟》一文的内容结构很快就了然了，外形、捕食与住处这三个方面的生动描写，让鸟儿通过文字"飞到"了孩子们面前。当孩子们一边读着描写翠鸟外形的文字，一边用彩铅笔为翠鸟轮廓图有条理地添上色彩，观察和描写的条理性不知不觉就内化为学生的表达能力了。当他们再次面对自己研究的鸟儿时，描写各种鸟儿外形的文字便流淌出来了——

喜鹊喜欢停在大树高高的树枝上，一双黑黑的小爪子，轻轻地、小心地抓着树枝。它的颜色非常朴素。头上的羽毛像巧克力一样顺滑，说不定什么时候会掉下一滴呢。背上的羽毛像钢琴键一样整齐，黑白相间。腹部的羽毛像柔软的白云。它大方优雅，一张小小的眼睛下面，长着一张又小又锐利的嘴。（吴彤《喜鹊》）

麻雀喜欢停在电线上，一双赤褐色的小爪子紧紧地抓住电线。它的颜色很单调。头上的羽毛像红褐色的帽子，贴上了棕色的叶纹。背上的羽毛像黑黄相间的外衣。腹部的羽毛像白色的衬衫。它小巧玲珑，一双明亮的眼睛下面，长着一张又扁又短的嘴。（王酉嫣《麻雀》）

全生活理念下的母语学习建构的是"有联系的"阅读生活，这种阅读生活体验不仅体现在与知识和生活背景的自然链接上，也不仅体现在不同维度的活动实践的相互融合上，即使是文本学习本身，也是注重"联系"的。学习《燕子》，当将描写燕子外形的第一自然段与《翠鸟》的第一自然段放在一起对比时，孩子们明白了为什么一个写得简洁，一个写得具体了——不仅仅因为翠鸟的外形特点鲜明，还因为翠鸟不像燕子一样是不同地域的人们都熟悉的。孩子们也从描写燕子与翠鸟飞行的文字当中读出了它们飞行特点的异同，燕子是快而优雅，翠鸟是快而有力。

阅读《鸟儿的侦查报告》是完全不一样的情感体验了。鸟儿为春天增添了生机，更为世界带来了美好。然而，孩子们观察研究春鸟的时候，所能见到的鸟儿种类是那么有限，麻雀、喜鹊、白头翁之外就只有笼中的鹦鹉和百灵了。鸟儿都去了哪儿？古诗中的莺和白鹭呢？他们从文中找到了答案，进一步思考人与自然的关系。当孩子们拿起笔来写下自己的"鸟儿的侦查报告"时，他们想到了自己调查研究的鸟儿，还想到了其他的动物——

我看见一只绯胸鹦鹉一直在挠嗓子，我问它怎么了，它不停地跟我比画，却不说话。于是我知道了，它的嗓子一定出问题了。它旁边的一个同伴告诉我："因为它是我们这里学舌最棒的，人们都要它表演学舌，把它的嗓子都快毁了。现在我们都担心它能不能坚持到明天。"（刘子畅）

我看见好几条小鱼儿在水边漂浮着。我猜想，它们一定在玩游戏。我轻轻地落在它们身旁，问道："你们在玩什么？"没有回答。我这才发现，它们身旁有好多垃圾。它们已经死了。我很难过。（王博阳）

让孩子们始终拥有活跃的思维状态是全生活教育的追求，当然也是多维拓展式阅读教学的追求。再读读《鸟是树的花朵》《鸟的建筑》，孩子们就有了更多的思考，他们的眼中、心中，春天的鸟儿就拥有了更加丰富的意义。

3.鸟语花香才是春

全生活理念下的母语学习到底给孩子们带来了怎样的阅读体验和启发呢？整体认知的联系性带来了思维的批判性，儿童的认知得到丰富的同时，很自然地收获了思维的发展和情感的丰富体验。

从观察研究春天的鸟儿到语文文本的学习，整体认知是怎样形成的呢？首先离不开孩子们自己的实践体验，知识和生活背景的积累。其次是建构认知的维度多元，有生物学角度的，有音乐美术角度的，有环境保护角度的，有母语学习（语言文字运用）角度的……而这一切都在"阅读"这个点上融合在一起，使孩子们很自然地认识到真正美好的春天，要有花香，也要有鸟语，更要有人与自然的和谐相处。在这样的过程中，母语的学习就有了生活的底蕴，有了文化的浸润，有了情怀的培植，孩子们对母语的热爱就水到渠成了。

课程始终是属于学生的。"一鸟一春天"面对的是三年级的孩子，母语学习本身关注了古诗文与现代文的区别，在表达维度上关注的是随文学习有条理地观察和表达，以及仿创"侦查报告"，没有从更多的维度来进行选文并展开课堂学习活动。同时，虽然课程源自《翠鸟》一文的启发，却并没有围绕《翠鸟》来"拓展"，这与从一篇经典的"基地"文本出发，从主题、写法、作者、文体等多个维度进行有联系的拓展有所不同，但这恰好说明了面对学生的母语课程建构，相同的理念下，形式和具体操作应该是灵活的。

"一鸟一春天"，从一只鸟儿身上，我们可以看到怎样多姿多彩的春天呢？课程的建构和实践让答案像种子一样慢慢生长出来……

主题读本《十岁的天空》（四年级）

一、读本编写意图与内容简介

四年级孩子的一般年龄是 9～11 岁，处在儿童期的后期阶段，大脑发育处在内部结构和功能完善的关键期，生理和心理特点变化明显，这是培养学习能力、情绪管理能力、意志能力和学习习惯的最佳时期。根据学生成长需要和母语学习的特点，为全面提升学生的语文素养，这册读本的编写努力做到以下几点。

1. 立足母语，关注逻辑，关注成长

课程建设和读本编写积极关注学生成长的内部需求与语文素养提升的联结点，着力构建母语学习与精神成长相辅相成的语文课程。读本内容关注学生自我的发展以及人与社会、自然、艺术等之间的关系，引导学生从不同的维度去认识和探索世界，学会与世界和谐相处。整个四年级，从成长体验、自然领悟、艺术审美、历史思辨等维度进行主题单元的建构和教室生活的创造，使母语教育真正做到"为儿童全生活着想"。这册主题读本围绕"成长体验"组织内容，规划课程生活。课程重视整本书共读，重视晨诵，让共读和晨诵始终成为教室生活的重要内容。整本书共读选择是《特别的女生撒哈拉》，晨诵继续围绕节气、节日诵读经典的古诗文。

这册读本的理念逻辑是：立足于母语的学习与浸润，"为儿童全生活着想"，发展儿童的心灵，发展学生的人文情怀和科学精神。目标与内容逻辑十分清晰，每个文本都有明确的文体学习目标，读法的习得和表达

方法的领悟都有科学的定位。如《手上的皮肤》是一篇说明文，结构、条理清晰，可以通过信息提取来了解说明的对象、特点、作用，并在与《手指》一文的比较中体会语言特色，其发展性目标是激发学生主动探索身体的秘密，撰写与身体成长有关的报告。总体内容编排上，从物质的、动作的认知与探索，到思想的、行动的感悟与思辨，循序渐进，步步深入，确保语文本体性知识和能力在与生活的不同维度建立联系的过程中获得确认和发展。儿童成长逻辑方面，遵循从身体的自我认知到角色的自我确认（不同的生活故事，不同的立场，不同的落脚点）的身心发展规律，帮助学生体验、关注自己的身心发展。

2. 精选文本，文体多样，重视经典

阅读文本的选择做到符合孩子们语言和思维发展的需要，契合孩子们心理成长的需求。所选文本要能引导孩子们从不同维度与世界建立联系，进一步通过阅读思考探索自我，探索自己与世界的关系，了解事物运作的方式和规律，在与世界的多角度互动中寻见更好的自己。多样化的文体保证了语文本体性知识和能力学习的落实，经典文本既是规范语言学习的有效载体，又是引导孩子们从不同维度探索世界的窗口。

读本《十岁的天空》，内容分为探索身体、童事童趣、成长启示、感悟亲情四个板块，第一个板块以说明性文本、资料性文本为主，后面的三个板块有绘本故事、散文、小说、图文笔记等多种文本样式，其中经典作品占 2/3 以上。这些经典文本不仅是母语学习的典范，还是跨学科整合学习的触发器，蕴含有多方面的学习价值。如《冬阳·童年·骆驼队》，不仅可以延伸阅读林海音的《城南旧事》、电影《城南旧事》，还可以链接歌曲《梦驼铃》，进行艺术比较和欣赏等。

3. 目标清晰，任务具体，重视发展

努力使读本同时担负起"教"材和"学"材的职责，教学目标可视化，学习任务显性化。主题之下包括开启诗、单元任务提示、主题选文和活动设计、学习整理等几个部分。单元任务提示让学生在进行具体单元内容的学习前就明白要学什么，达到怎样的目标。如此，后面的学习就有了目标驱动。配合主题选文的学习，既有随文的问题引导，又在文后"读与思"中设计有具体的读写活动。每个板块之后有"成长加油站"，不仅巩固语言积累和表达运用，还设计了贯穿主题单元的、项目式的实践活动，学习方式上体现生活化、学科整合，使每个单元的学习成为教室生活的阶段性主题，以促进学生综合能力的发展。单元中有多维拓展式活动设计，引导学生从一篇经典文本的阅读探究出发，从不同维度建构"有联系的"阅读生活，发展"联系"的观点，学会学习，主动探究，全面发展。

从读本目录就可以看出大致的内容组织和安排：

开启诗

单元任务提示

板块一　探索身体

手上的皮肤

好看与难看

做家务，很重要

板块二　童事童趣

童年笨事

冬阳·童年·骆驼队

带着笔，去旅行

板块三　成长启示

争　吵

鳄鱼班布

钓鱼的启示

板块四　感悟亲情

学会看病

跳　水

祖父的园子

学习整理

二、课程故事与成果分享

1. 开启诗学习之课堂叙事：寻找"不变"的"我"

"十岁的天空"母语主题课程的开启诗是尼卡·图尔宾娜的《我是谁》。这是一首似乎很玄奥的诗——

> 我用谁的眼睛观看世界？
> 朋友的？亲人的？动物的？树木的？小鸟的？
> 我用谁的嘴唇捕捉露水，
> 当它从落叶上滑落小桥？
> 我用谁的双臂拥抱世界，
> 它是如此孤立无援，容易破碎？
> 我把自己的声音丢失在
> 森林、田野、大雨、暴雪、深夜的声音里……
> 那么我到底是谁？
> 在哪里我可以找到自己？
> 我该怎样回答这大自然的一切声音？

孩子们现在四年级了，以前他们也在老师的引领下思考过"我是谁"，得出的结论指向了"做最好的自己"，事实上并非指向"我是谁"的思辨。显然，图尔宾娜的这首《我是谁》，更接近于哲学层面的追问和思考，与孩子们之前的"被引导"、电影《我是谁》的社会身份确认不是一回事。

在读本中，我们预设了一个问题："我是谁"，这可是一个难倒世界上所有大哲学家的问题。你认为哪里可以找到"自己"呢？这个问题是供学生自主阅读时思考的。一个孩子在问题旁边写下了自己的答案：我认为在自己的心里可以找到"自己"，你心里怎么看待自己，自己就是什么样子的。这是一个不错的观点，是不是与图尔宾娜的《我是谁》对话后产生的思考就难说了。

课堂上，对话真正展开后，孩子们会有怎样的思辨和认识呢？

（1）每个事物上都能找到自己。

请孩子们认真读一读诗歌，想一想诗人想要表达什么。正如所料，孩子们有的一脸茫然，有的紧锁眉头，都说好难懂。好吧，那就陪着他们一起和诗人聊聊这首诗吧："反复读读前两行，你疑惑的是什么？"

"好奇怪啊，诗人问'我用谁的眼睛看世界'，当然是自己的眼睛了。我们都是用自己的眼睛看世界啊。"

孩子们都附和着。

"读读第二行，诗人为什么要提这么个根本就不用思考的问题呢？"

孩子们只觉得莫名其妙。我读了一遍给他们听，马上就有孩子恍然大悟般"哦——"了一声，站起来说："我懂了，诗人是说站在不同的立场上看世界，看到的就不一样了。"

多么了不起的理解！图尔宾娜不正是在表达这个意思吗？我们与世界有千丝万缕的联系，要与世间万物相互理解和信任，就要站在不同的立场上看这个世界，万物也会从自己的立场看待我们。

"那么，这两句是否回答了'我是谁'呢？"

"我觉得这两句是在说我们在每个事物上都能找到自己。"

好了不起的理解！儿童果然是诗人。不，儿童不仅仅是一般的诗人，而是哲理诗人。

"接着读吧。'我用谁的嘴唇捕捉露水，／当它从落叶上滑落小桥？'嘴唇，小桥，露水到底落在哪儿？"

"嘴唇就是小桥，小桥就是嘴唇。那不就是说自己就是小桥了吗？"

"那我又是谁呢？"

"我就是每个事物啊！"

儿童就是儿童！又一句哲言：每个事物都是自己。

（2）追寻一个什么样的自己。

"诗中出现了好几个'它'，'它'指什么呢？"一个男孩问道。

"前一个'它'应该是露水，后一个'它'嘛——"

对话聚焦到了"我用谁的双臂拥抱世界，／它是如此孤立无援，容易破碎？"

"为什么说'它''孤立无援，容易破碎'？"每一句诗，每一个词，孩子们都试图破解其中的密码。

要去解开这个密码吗？从哪个角度去解开密码？诗人图尔宾娜是敏感的，她一生都在寻找"我是谁"的答案，每一个答案都难以令人满意。她觉得无论用怎样的姿态拥抱这个世界，都是无力的，都会被时间否定——"孤立无援，容易破碎"。孩子们肯定不需要这样的角度，诗歌既已诞生，对它的解读就可以属于另一个主体——读者。"我用谁的双臂拥抱世界"，与"我用谁的眼睛观看世界"，表达的是同样的疑问，但立场和角度是不同的，其实疑问里已经暗含着"我是谁"的一个答案——"我"总是变化着的。正如孩子们此时此刻在教室里的"我"与在教室外的"我"是不一样的。孩子们若有所悟：昨天的"我"已经成为过去，今天的"我"不再是昨天的那个"我"。

既然诗人问题的背后已经暗含了这样的答案，那么，她为什么还要苦苦追寻"我是谁"呢？孩子们又陷入了沉思。阅读时的思考不能脱离了正在与自己对话的文本。接着读诗句，才会有新的发现。诗人还在不停地追问："那么我到底是谁？／在哪里我可以找到自己？／我该怎样回答这大自然的一切声音？"已经认识到"我"是不断变化的，为什么还要追问"我到底是谁"？诗人在寻找一个怎样的答案？

"我知道了，诗人要找到一个不变的自己。"多么了不起的解读！多么了不起的知音！成人走进儿童的心里是那么困难，儿童读懂成人的心灵却是如此容易。

"这个不变的自己到底在哪里？"老师有时候需要做的仅仅是追问。

片刻沉思，教室里仿佛有思想流动的声音。

"我觉得诗人一直在寻找答案，一直在寻找，这个一直在寻找的自己是不变的。"这个女孩眼神里闪动着喜悦和坚定的光。

"一直在寻找自己的自己是不变的！孩子们，把这句了不起的感悟写下来。"

教室里是欢欣鼓舞的书写的声音。

"用一生的时间不断寻找自己的自己，是拥有坚定信念的自己。我们每个人所处的时间在变，空间在变，所做的事情在变，却可以拥有不变的信念，不变的人生理想和态度。"

孩子们起立，用朗读向诗人致敬。

（3）用一生的生命历程来回答。

我继续追问："我们能够悟出一直在寻找自己的自己是不变的，诗人却一直在追问，她给出明确的答案了吗？"

"没有。"

"她为什么不能用诗句给出'我是谁'的答案？"

"因为这个问题用语言是无法回答的。"

"是的，'我是谁'无法靠语言来回答。那靠什么来回答？"

"我觉得应该靠行动来回答。"

"是啊，你的所作所为时时刻刻都在回答这个问题。而这个问题的最终答案，需要我们每个人用一生的生命历程来回答。"

"我觉得这话也应该写下来。"一个孩子提出倡议。

在图尔宾娜的《我是谁》旁边，孩子们写下了这样几句话——

从每个事物上寻找自己。

每个事物都是自己。

一直在寻找自己的自己是不变的。

"我是谁"不能靠语言回答。

"我是谁"要用一生的生命历程来寻找答案。

一起读一遍这几句话，可以下课了。有这样的开启，"十岁的天空"主题课程的学习历程就更加值得期待了。

2. 学生在课程中的成长

当孩子们进入四年级，他们的心理发展到了一个关键期，因为对外部世界的探索和体验与对自身所处境遇的思考渐渐注入了理性的成分，开始有孩子有意无意地哼起了"我不想长大"。这时候，着力构建母语学习与精神成长相辅相成的语文课程，就要关注孩子们的成长体验，在母语学习中既感受童年时光的美好和脚步匆匆，又能学会从童年的经历中汲取更丰富的精神营养。"十岁的天空"母语主题课程就是在这样的思考和判断中开始建构的。主题下文本的选择指向多个维度，活动的设计也关注多维的拓展，使课程的实施既符合孩子们语言和思维发展的需要，又契合孩子们心理成长的需求。我们希望这些文本和学习活动能引导孩子们从不同维度与世界建立联系，通过阅读思考探索自我，探索自己与世界的关系，在与世界的多角度互动中寻见更好的自己。

在第一板块的学习中，文本的学习探讨与科学课上的"探索身体"同步展开，思辨话题指向"你会怎样评价长相的美与丑"，实践任务是用图文报告的方式表现自己从一年级到现在的身体变化。孩子们需要探索和选择合适的策略与工具来完成这份报告，这就使母语学习和运用突破了以往单一的言语思维模式，将言语思维与形象化的工具（照片、图表等）充分结合，更鲜明地呈现自己的故事和观点。

第二板块从第一板块的身体自我认知走向角色的自我确认，这种确认遵循儿童的兴趣和认知特点，先从童年趣事入手，在文本阅读中感受童年的浪漫、天真、善良和对世界的好奇与探索。阅读文本包括《童年笨事》《冬阳·童年·骆驼队》《带着笔，去旅行》，读别人的故事，分享自己的故事，将语言文字运用的学习与成长的体验、思考融为一体。围绕"十岁的天空"这一成长主题的实践任务，从第一板块的身体变化成长报告提升为生活能力变化的成长报告。

作为母语教育，所有的"境遇"最终都指向母语的运用学习和母语文化的传承，所以，当学生与《冬阳·童年·骆驼队》这样的经典文本相遇，以经典文本为"基地"的多维拓展活动也同时进入教室生活。比如经由"我"和骆驼队的故事联想到了更多的童年故事；比如文中提到了整本书《城南旧事》，再由整本书联系到电影《城南旧事》；比如由骆驼队联想到更多的承载童年心思和意义的典型事物与意象……

从文本内容的角度拓展，很自然地会拎出一串有意思的童年故事（《童年笨事》《祖父的园子》等），《舟过安仁》《牧童》《清平乐·村居》等古诗词很自然地成为晨诵的内容，使得这一段阅读生活充满了童年的情趣，也激发了孩子们书写自己童年生活的热情，同时让学生浸润在母语文化的温馨氛围之中。另外几个维度创造的课程生活可以通过下面的结构图看出来。

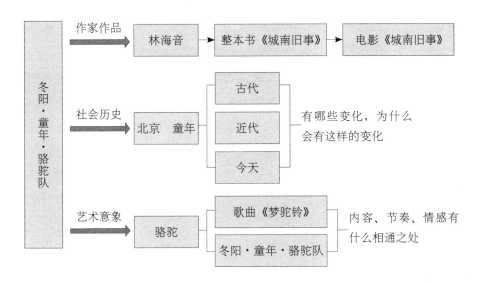

读整本书，观看电影，我们讨论了两个话题：（1）人们是怎样对待秀贞的？你觉得人们为什么会这样对待她？英子愿意与秀贞交往并尽力帮助她，你觉得用"善良"来解释行吗？（2）你认为故事中的"小偷"是好人还是坏人，为什么？

人们都躲着秀贞，因为他们都认为秀贞有精神病，而精神病人是可怕的，他们从不考虑秀贞为什么会变成那个样子。英子走进了秀贞的内心世界，懂得秀贞心中的牵挂和悲苦，所以愿意与秀贞交往并尽力帮助她。我认为英子的行为不仅仅是善良，更重要的是对秀贞的理解和同情。（孙佳怡）

我认为故事中的"小偷"很难判断为好人或坏人，他所做的一切都是为了供弟弟读书，这是一个好哥哥；他偷别人家的东西，让别人遭受损失，这又是不对的。可是，他也没有别的办法挣钱，他很无奈。（吴彤）

当孩子们写下这样的思考和判断时，我们知道，这就是母语教育应该看到的"风景"，知识能力的学习、情意态度的发展、独立思考习惯的养成和批判思维的启蒙，都在课程生活中得到了自自然然的体现。

再说说艺术维度的拓展。文本语言的节奏与要表达的情绪氛围是一致的，这种情绪氛围在歌曲《梦驼铃》以及电影主题曲《送别》中也能感受到。当它们同时进入课堂，有情有趣地朗读着《冬阳·童年·骆驼队》，欣赏着《梦驼铃》，哼唱着《送别》，孩子们就发现，相同的情感，哪怕运用的表达形式不同，却能让人感受出一样的情感和心理节奏。这样的发现，只有当母语教育是为儿童全生活着想时，才会在课程生活中"生长"出来。

童年的故事不止有童真童趣，有的故事值得静下心来思考并汲取成长的营养。第三个板块的文本阅读给予学生的是"成长启示"，文本包括《争吵》《鳄鱼班布》《钓鱼的启示》，读文本，悟启示，学表达（心理描写、细节描写等），实践活动仍然是成长报告。这次的成长报告是这样要求的：从一年级到现在，曾经有过哪些不知道的知识，后来知道了？是怎么知道的？曾经有过哪些不懂的道理？后来是怎么懂得的，而且用它来指导自己的行动？选择自己印象深刻的几条写下来，总结一下从不懂到懂一般需要经历怎样的过程。

第四个板块是"感悟亲情"，阅读的文本是《学会看病》《跳水》《祖父的园子》，在语言文字运用的学习上，重点读悟《跳水》《祖父的园子》，感受小说文体的一般特点，而在回归生活本真的目标追求上，指向学生自身亲情故事的唤醒与体验、书写与分享。

这样的四个板块，从不同的维度建构"十岁的天空"这一成长主题，让母语学习真正回归学生的本真生活，立足儿童立场发展言语思维，更重要的是让学习成为了生活和成长很有意思的一部分。

主题读本《一朵花的微笑》（四年级）

一、编写意图与内容简介

"一朵花的微笑"围绕"人与自然"这一大主题进行课程设计。理念逻辑依然遵循在母语教育的语境下，"为学生的全生活着想"，创造"人与自然"主题下的多学科融合的教室生活，全面发展学生的心灵，循序渐进地提升学生的核心素养——人文情怀和科学精神。

主题内容分成四个板块，在"联系"的观点下，做到四个板块之间在内容上具有逻辑关联性。第一个板块着眼于人在自然中的诗意栖居，选择表现人们亲近自然、享受自然的文本，唤醒孩子们对自然馈赠的美好体验和感悟，为接下来从不同角度认识、探索自然，反思人与自然的关系，探求与自然和谐相处之道奠定最真切的情感基础。第二个板块立足于对身边自然物象的探索和认知，主要选择说明性文本和图文形式的自然笔记。文本尽量选自经典的自然科学书籍，如法布尔的《昆虫记》、巴勒斯的《飞禽记》等，用自自然然拓展延伸的整本书阅读激发孩子们自己的探索兴趣和实践行动。在这个板块开始引入有关自然的电影或纪录片，如《亚马逊萌猴奇遇记》等，通过视觉影像拓宽学生视野，丰富感知，引发思考。第三板块着眼于引导学生反思人对自然的所作所为所带来的破坏性后果，感知自然和人类活动、生活的息息相关，激发学生对自然的悲悯情怀和人文关怀。文本选择做到故事性和纪实性相结合。第四板块很自然地就是人们积极探索与自然和谐相处之道的文本，引导孩子们从小用行动来关心自然，促进自身与自然的和谐相处。

从上面的内容选择和编排来看，与学生的成长逻辑相呼应是课程实践的根本原则，这样才能创造一段真正具有生命成长意义的教室生活。

　　学习历程以开启诗为起点；单元任务提示既进行方法引领，也进行目标驱动；四个板块各板块后面设计有成长加油站，主要是进行读写知识的梳理、语文综合能力的训练和提升，同时进行学科融合性活动的规划和指导；最后是学习整理，进行总结和复习，引导反思和评价。

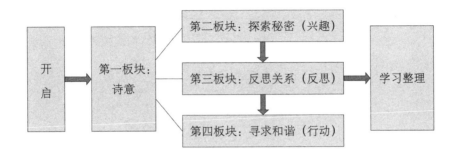

　　下面是读本的目录：

开启诗
单元任务提示

板块一　诗意
观潮 / 浙江之潮
跑进家来的松鼠
对一朵花的微笑
成长加油站（一）

板块二　探索秘密
蟋蟀的住宅
琥　珀
大自然笔记
成长加油站（二）

开启诗是韩国诗人金匡的《树叶的香味》，朴素而优美，很容易激发起学生对接下来课程生活的期待和向往。为了尽量契合学生的学习心理，将单元任务提示放在开启诗的后面呈现：

◎ 走进自然，亲近自然，和一株小草聊聊天，同一只蚂蚁讨论讨论生活，这将是多么有意思的事情啊！你与自然是亲近的还是疏远的？用心体会体会，在自己的日记中加上"和自然谈心事"的内容，你将发现一番新的心灵天地。你也可以继续用自然笔记的方式记录下每天邂逅的自然故事，只要你用心、坚持，你将会创作出一本最精美的书。

◎ 这本书将和我们一起探讨人与自然的话题。我们将通过不同文章的学习，从不同的角度认识自然，了解自然，探索和思考我们人类与自然的关系。用心阅读这个单元的文章，哪些内容和观点是你已经有所了解的？哪些给你打开了新的视野？一边阅读一边记下自己的感悟吧。

◎ 叶圣陶先生告诉我们，阅读文章要学会自己"认识"生字词语。只了解读音，能够正确书写还算不得"认识"，要懂得它们在这一篇文章中的意思，还要能够正确地运用它们，才算"认识"了。你养成这样"认识"生字词语的好习惯了吗？在这个单元的学习过程中，对自己做一个观察和评价吧。

◎ 有价值的阅读总是伴随着积极的思考。把自己的思考和疑问随时写在阅读的内容旁边，这种读书方法叫作批注。我们三年级就开始学习运用批注的方法了，现在有没有让批注成为一种阅读习惯呢？利用这个单元的学习检验一下自己吧。

◎ 写自己的故事，表达自己的思想，都有一定的方法。你又将从这本书的文章中学到哪些新的表达方法呢？一是写故事要注意细节的运用，因为细节不仅能使故事生动起来，还能充分表达自己的思想，让读者与自己产生共鸣。二是要善于运用联想，把要描写的内容写得更加鲜活，更加吸引人。

◎ 针对一个话题提出自己的观点，还要用具体的依据和理由来支撑自己的观点。这样，别人才会认同你的想法。你将从一些文章中学到怎样用有力的依据和理由支持观点的方法。

◎ 你为一部电影或者一本书写过推荐词吗？我们将在这本书的学习过程中观看很多有意思的电影，阅读很多经典的书籍，为了将这些电影和书籍都推荐给更多的人欣赏，我们会一起学习写推荐词。

任务就是目标，也是路径和方法，学生根据任务提示，开始尝试目标驱动下的自主学习规划。每篇文章侧页留有学生自主批注的空间，文后设计有指向不同学习目标的练习思考题。为了使母语学习拥有必要的、适切的"境遇"，或者将文本阅读与学生所身处的世界建立起必要的联系，有些文章后面安排了拓展性的实践活动。例如，在《观潮》和《浙江之潮》后面，安排了研究钱塘江大潮形成原因的活动。每个板块后面的成长加油站，特别注重与板块主题相关的话题交流、拓展性阅读和主题性写作，这一切与文本学习共同组成了一个完整学习生活链，相互联系，相互照应，使学生的母语学习体验扎实且充实。

二、课程实施说明

1.课程的开启

课程的实施，学生心理境遇的营造和准备十分重要。在开启诗学习之前，我们还安排了一节与主题有关的故事听读课，听读的故事是张鸣跃的短篇小说《最悲悯的枪杀》。文章讲的是猎人被猎杀对象感动而放下猎枪的故事，由于细节真实，容易将学生带入故事情境当中，受到感染，引起对人与自然该如何相处的思考。有了心理境遇的准备，整个主题的母语课程生活就有了积极的情感基础，学习任务就变得更加真实，有了逻辑意义。

2.课程的展开

在课程开启后，要让学生通过研究目录和浏览整册读本，整体熟悉读本内容，知道要学什么、会经历哪些自己感兴趣的母语学习活动，对怎么学有自己的期待。学生已经四年级，应注重习惯的养成和方法的灵活运用，课堂学习的重点是文本内容的自主感悟、读书方法的探索和运用、细节的发现和体会以及生活体验的表达。在阅读欣赏的基础上，将文本多样化的表达方法和策略运用于自己的表达，成为将人文主题与母语运用融为一体的重要措施，这一点除了体现在每个板块"妙笔生花"的任务设计上，还表现在文本的选择和应用上。例如，读本节选任众的《大自然笔记》中不同时节的内容之后，还节选了其中的"自然笔记攻略"，引导学生做出属于自己的高质量的自然笔记。

"人与自然"主题的整本书阅读成为课程生活的重要组成部分，不做共读的统一要求，而是通过链接经典的自然类书籍，激发学生阅读兴趣的同时，提供多样化的选择。第二板块链接了法布尔的《昆虫记》、任众的《大自然笔记》、巴勒斯的《飞禽记》；第三板块链接了《寂静的春天》。课程生活中，重视有关电影的欣赏和整合，如《亚马逊萌猴奇遇记》《狮子与我》等。

3.课程的总结与评价

读本最后的学习整理，是这段课程生活的总结，是对这段课程学习成果的评价，也是学习意义的升华，尤其是小文集的整理，让学生在仪式感中深切地体会到成就感。

三、课程叙事分享

带领学生们学习刘亮程的《对一朵花的微笑》。它有一个充满诗意的题目，孩子们被吸引了，不知不觉就想起了自己对一朵花微笑的故事。他们分享自己对一朵花微笑的情景，眼里、语气里都是快乐的诗意，因为那一刻，与美相遇。

那么，刘亮程呢？是不是也要分享这样的经历和心情？课堂上怎样走进作者用文字精心构筑的奇妙世界？只有当阅读成为一个探险的旅程时，每一个发现才有了触及心灵的价值，才能带来真正深刻的快乐。

改变先让学生通读文章的读法，一个自然段一个自然段地读，来一次真正的"探险"。

第一自然段，三句话："我一回头，身后的草全开花了。一大片。好像谁说了一个笑话，把一滩草惹笑了。"只读，不说。第一个孩子语调平平，没有语速的变化。好几个孩子听了，不满意，举起了手。第二个孩子读出了节奏感，停顿合适，用语气强调了自己想突出的词语。

"我想说说我的发现。"有孩子迫不及待，"我发现这个开头与我们读过的好多文章不一样，一开始就将我们带进了故事中。"

"对，别的文章开头总会先写写时间啊、地点啊或者别的什么，不是一下子就有了故事感。"另一个孩子补充道。

"这是第一个发现，除此之外呢？"我肯定，鼓励。孩子们再读，再思考，眼里是困惑。我提醒："别放过每个字，也别放过每个标点符号。"

很快，有孩子满眼惊喜地高举起手："这一段有三个句号，可是一般写法应该是一个句号。"

"那是为什么呢？刘亮程不会使用标点符号吗？"聚焦标点符号，再读，再思。

读着，想着，孩子们三三两两议论开了。他们有了新的发现——

"刘亮程这样写，是有心的。读第一句，我感觉到的是作者突然看到身后的花儿都开了时的惊喜。'一大片'，写的是作者惊喜后再抬起头，结果发现身后很大块地方都开着花儿。我觉得他把这三个字作为一句话，是强调开的花儿多，周围都是。第三句是作者的联想，很有意思。"一个女孩很欣喜地分享自己的发现。

有了这样的发现，再读，语气里就有了景象，有了情感，仿佛作者的动作、表情都通过声音呈现出来了。

孩子们"发现"了这样一个有意思的开头，对文章后面的内容就充满了期待，对自己能否有新的发现充满了期待。

第二自然段，孩子们又发现了标点上的秘密和密码。

发现的历程总是伴随着疑问和困惑的。当读到第三自然段的时候，孩子们直接提出了疑问：为什么强调是"第一次"，是"一个人"？带着问题往下读，一篇原本以为理解起来会有隔阂的文章，四年级的孩子却完全读懂了作者要表达什么，也读懂了作者是怎样表达的和为什么要这样表达。

看到孩子们用这种不断发现的方式与文本展开对话，下课了还意犹未尽，我更加坚定：把阅读发现的历程真正还给孩子们，让学习真正成为一种挑战，才是孩子们喜欢和需要的"深度学习"。

要使每一次阅读都成为发现的旅程，还要远离阅读教学的"套路"，让每一篇文章的阅读成为不一样的冒险之旅，无论是环节还是目标，都要让孩子们觉得是"新"的。如果每篇文章的学习都循着教师固守的套路，沿着"初读""细读""总结"或者"整体""部分""整体"的课堂结构，学生是容易产生审美疲劳的，甚至会从心理抵触阅读课堂。

想想就明白了：有谁愿意总是重复昨天的故事呢？——更何况学生还是被老师"绑架"着重复昨天的故事！

附学生作品：

跑进教室里来的蛾子

一个阳光明媚的上午，我们上完课后发现有一只小飞蛾在狠狠地撞着玻璃。我们都好奇地围了过去，不只是围，还有人想要伤害它。酉嫣拿着一个装彩色笔的透明盖子盖住了它。那只小飞蛾在盖子里一动也不动。我们找了一个原来装乌龟的盒子把它放了进去并且盖上了盖子，然后大家就都散开了，除了兆翰和杨嘉帅，他俩居然拿着卫生纸往盒子里放。我仔细看了看才明白：原来是在给小蛾子做窝啊！他们可真是个善良的孩子！

可是过了一两天大部分人就忘记了那只在盒子里的飞蛾，只有我和胡钰、博阳还在关心它。午饭时间到了，班里所有的孩子们都去吃饭了，只有我们三个没有去。我们拿着盒子一起去楼下给小蛾子做"绿色小屋"。首先，我把里面的白纸轻轻地拿了出来，为了不伤害到小蛾子，博阳把一些湿润的土放到了盒子里面，紧接着胡钰把一些小草放到了里面，最后我用小石头给小蛾子做了一个石头小窝，这样一个"绿色小屋"就完成了。我们还给它取了一个名字叫乐乐，就让小蛾子乐乐度过一段美好的时光吧！

就这样一天又一天，一天又一天，时间慢慢地过着。我们每天都要去看乐乐，跟它讲故事，和它做游戏、说说心里话，它听得可认真了，还时不时地扇动它的翅膀，简直可爱极了！可是有一天早上，我早早地来到学校，想和乐乐说说话，我发现它躺在盒子里一动也不动，四脚朝天。我还以为它是和我逗着玩儿呢！四节课都过去了，它还是这样躺着，我心里有些害怕了。这时马诺涵走了过来对我说："曼曼，你总在这里看着蛾子干吗啊？！"不知怎么地，我心里突然不再是害怕而是伤心，此时的我泪流满面，心里止不住地想："是因为什么让蛾子伤心了？是什么让小蛾子受伤了？它怎么会这么快就死了呢？"

我去问李老师，李老师一点也不惊讶而是笑着对我说："不是什么让小蛾子伤心了，它也没有受伤，是因为它的生命到终点站了。你看，花儿们在春季都艳丽地盛开最终不也枯萎了吗？小草在夏天绿油油的，到了秋天不也枯萎了吗？你再看看我们人类从出生到慢慢成长最后到了老年，最终不也是会死去吗？世界上所有的事物都是有生命的，而生命也都是有限的。"听了李老师的话我的心里不再那么难受了。对呀，既然生命在今天终止了，那我就可以在今天把它埋下土啊！于是我告诉了缴婕、胡钰，我们在中午的时候一起去埋葬小蛾子，她俩都愉快地答应了。在同学们都在去外面玩耍的时候我们三个来到了竹林边，我们很快地挖好了小坑。我把乐乐的尸体放到了缴婕带来的小盒子里，胡钰把这个小盒子轻轻地埋到了土里，我们三个都悄悄地和乐乐道别……

我永远都忘不了那天乐乐飞进我们的教室一直到它生命的终止，因为是它让我走进了奇妙的世界，是它给我带来了无限的乐趣，是它让我在伤心、害怕、胆小、生气、紧张时变得开心无比，我非常非常地怀念它。

乐乐的一生就这样结束了，可是在它短暂的生命中，给我带来了那么多的快乐和幸福，和它在一起玩耍、说悄悄话、做游戏是我最最快乐的时光。真希望能有一只小蛾子再次来到我们的教室。（刘曼）

落　叶

在一个秋风飒飒的下午，我听着秋风的歌唱，无所事事。这时姥姥叫我和她去公园玩，我的心情一下子变好了，兴奋地穿上了衣服和姥姥去公园。

在去公园的路上，我哼着小曲儿，发现前方的路面被干枯的落叶所覆盖。我开心极了，因为我喜欢在干枯的落叶上跳来跳去，特别是听干枯落叶被踩碎发出沙沙的声音，既清脆又响亮。于是我就这样跳来跳去，可真有意思！

随着干枯落叶被踩碎的声音，目的地到了。一进公园门是光秃秃的牡丹园迎接的我，再往后看见的依然是光秃秃的小树，我感到有点失望。

突然，眼前一条"金色小路"引起了我的注意。远看像是金子铺的小路，近看原来是银杏叶子落满小路。一片小银杏叶子落到了我的头上，像是一把金色的小扇子，是那样小巧玲珑，那样优雅，那样别致，看起来是那样完美。

银杏叶子变黄了，被秋风吹打下来，慢慢地飘落在地上，慢慢地树木会变成光秃秃的，可是它们为秋天增添了不一样的景致！落叶也为小草增添了色彩，小草不再是冷清寂寞的了！

走在金色的小路上，我感觉一切都是那样的美好。这时我想，什么时候我能在森林里，观看优美的景色，呼吸新鲜的空气，躺在松软的草坪上，仰望天空，完全融入大自然的怀抱当中，该是多美的一件事情啊！

（孙佳怡）

主题读本《历史的足迹》(五年级)

一、课程编写意图

　　这册读本安排在五年级使用，是因为考虑到：母语学习的"特设境遇"应该随着学生知识的积累、兴趣的发展、思维能力的提升，必须有更加宽广的历史文化背景。同时，对人类历史和民族历史的初步了解，在阅读与思辨中初步树立正确的历史观，渗透"我们从哪儿来"的追问和思考等，也是儿童应该面对的成长课题。

　　根据学生的认知特点，读本分为四个板块：第一板块为起源，引领学生追溯历史的源头，一起探究"我们从哪里来"。第二板块为历程，用几篇不同文体的文本，让学生了解历史的基本发展脉络，尤其是了解中国的历史发展脉络。《方块汉字的发展史》，以小见大，展现了民族文化的传承和发展。第三板块为故事，用几个代表性的历史故事，试图引导学生认识到，历史是由一个个鲜活的故事串起来的，人们可以从一个个历史故事中发现历史的秘密和价值。第四板块为态度，指向学生历史观的启蒙。

　　四个板块，相互联系，层层递进，让母语学习的诗意和理性达到了美妙的平衡，学生的言语生命的成长拥有了更加宽广的生活背景，言语逻辑、思维能力也得到了新的发展。学习这个主题读本的同时，整本书共读也成为了母语课程的有机组成部分。共读选择的是《射雕英雄传》(也可选《三国演义》)，在故事阅读的基础上，共读任务集中于研究性的学习活动，学生研究小说中的历史，研究小说中的诗词，研究人物，研究好玩的写法。学生还将自己喜欢的情节改编成剧本，在期末庆典中演出。

二、课程内容介绍

这册读本里有哪些具体内容，又是怎样组织的呢？先来看看目录：

与四年级的读本一样，首先是开启诗，为学生接下来的学习营造心理境遇。然后是单元任务提示：

◎ 五年级的你是否思考过什么是历史？我们该怎样阅读和研究历史？历史具有哪些价值？你手中的这册读本，将陪你一起探讨这些问题，你可以在阅读过程中思考有关历史的更多问题，还可以形成自己的理解和判断。这是一件多么有意思的事情！

◎ "学而不思则罔，思而不学则殆。"阅读读本中的每一篇文章，边读边思才能让你变得更加睿智。所以，批注是你应该坚持运用的读书方法。怎样批注，批注了什么，见证的是你有没有用心进行探究性和创造性阅读。

◎ 阅读有关历史的文章或书籍，要谨记"尽信书不如无书"。所以，我们既要边读边思，还要多读有关的文章或书籍，这样就可以学会从不同的角度来认识历史，从中汲取更丰富的营养。

◎ 写作是讲自己的故事，也是在表达自己的观点。表达观点要做到观点明确，为了说服读者，还要做到有理有据。我们阅读记载和解释历史的文章，要学会建立自己的观点，并将自己的观点有理有据地表达出来。

◎ 班级故事是班级历史的记录哦。它记录了班级里每个人共同生活和成长的足迹，一定要用心书写啊。

母语学习是核心诉求，历史知识和话题是母语学习的一个特设境遇，是话题，是凭借，所以文本后面的思考题，主要还是指向"语言文字运用"的习得，指向学生言语思维的发展。以《最初的人类》为例，文后设计了这样几个问题：（1）关于最初的人类，你有哪些疑问？这篇文章帮你解答了哪些问题？（2）这篇文章中"大约""或许"等词出现了多次。这些词可以删掉吗？为什么？（3）关于最初的人类是怎么出现的，有科学研究得出了结论，也有有关的神话传说。你读过哪些有关人类诞生的神话？你如何评价这类神话与科学研究？

大量阅读，"为儿童全生活着想"的阅读，要成为母语主题课程生活中最自然的一部分，因此，在第一板块后面，添加了这样的阅读链接：

请从下面三本书中选择一本认真阅读，你可能会对历史产生浓厚的兴趣。

《希利尔讲世界史》：希利尔讲述历史，生动如见。他要通过精彩的历史故事，激发孩子对知识的渴望，引导他们去孜孜不倦地追求更美好的事物，并将文化和真知灼见注入他们的灵魂！

《一口气读完世界历史》：今天，发生在世界各地的各类事件，离我们越来越近，与我们越来越有关联。如何理解这些事件的来龙去脉以及世界各国人民的行为、习惯、风土人情？本书将为你提供一幅简洁、完整而且清晰的图画。本书是德国历史学家、文学家曼弗雷德·马伊的代表作，也是德国最畅销的世界历史普及读物。他以生动浅显流畅的文字，将人类数千年的历史脉络清晰地浓缩在不到 200 页的这本普及读物中，并配以大量插图，使得本书特别具有阅读价值。尤其对那些想系统了解世界历史全貌的人们更有裨益。

《中国读本》：中国是一个怎样的国家？她走过什么样的历史道路？她拥有哪些独特的文明？她的国民以怎样的方式生活？她对人类做出了哪些贡献？亲爱的读者朋友，这些问题在你读过了本书之后，就会得出自己的答案。阅读本书，就是您走进中国，走进新世界的一次发现之旅。

第二板块第一篇文章是一份图书推介文案，除了通过文案的阅读，引起学生对《时间线》这本历史绘本的阅读兴趣，还有一个重要的母语学习目标就是学习制作书籍推介文案。

母语学习强调文化背景的丰富，重视与主题有关的母语文化的浸润，这在读本中得到了充分体现。例如，在第二板块就安排了一个实践探索性质的学习内容和任务：

"中国所使用的方块汉字是世界上独一无二的文字。"为什么这样说呢？因为汉字是唯一在现代依然活跃的古老文字。人类最古老的文字都是象形文字，但除了汉字，其他的如苏美尔人的楔形文字、古埃及的圣书字，都已经湮没在历史的尘埃中。为什么汉字具有如此强大的生命力呢？作为炎黄子孙、龙的传人，我们每天都运用汉字，浸润在汉字文化当中，你对汉字之美有怎样的认识和体验呢？让我们一起来研究研究古老而又现代的汉字吧。

　　◎ 最早的汉字是刻在龟甲和兽骨上的，所以被称为"甲骨文"。甲骨文是汉字的早期形式，现代汉字即由甲骨文演变而来。汉字的"六书"原则，在甲骨文中都有所体现。但是，原始图画文字的痕迹还是比较明显。猜一猜下面的甲骨文分别对应现代的什么字。

　　◎ 你知道计算机汉字有哪些字体吗？这些字体与甲骨文、金文、大篆、小篆、隶书、楷书是一回事吗？

　　◎ 你知道"汉字叔叔"的故事吗？通过网络查阅他的故事，与大家分享自己读了汉字叔叔的故事后的感想。

　　◎ 汉字书法为汉民族独创的表现艺术，被誉为无言的诗、无形的舞、无图的画、无声的乐，2008 年 6 月选入国家级非物质文化遗产名录。汉字书法有哪几种书体？它们与颜体、欧体、柳体、赵体是一回事吗？

　　◎ 举行一次班级毛笔字书法比赛吧！

　　◎ 汉字之奥妙，只有用心走进汉字文化之中才能真正体会。下面是一副对联的上联，你能发现它有什么独特之处吗？你能不能对出下联呢？

　　白水泉边女子好，少女更妙。

总之，读本内容的组织，既重视主题内的逻辑关联，又把握母语学习这一核心任务和目标，构建一段学生能够享受成长的母语课程生活。

三、课程实施说明

要使这段母语课程生活既富有情趣，又具有清晰的逻辑思路，首先要上好目录课，引导学生从目录开始探索、思考为什么读本要分成"起源""发展""故事""态度"四个板块来组织结构、安排内容。弄清楚这一点很重要，因为有逻辑的学习历程，更能让学习者感受到学习的意义。

其次，根据每个板块的小主题和文本的特点，明确每个板块母语学习上的侧重点。第一板块，重点是根据需要提取信息，根据自己的阅读兴趣自主选择书籍进行拓展阅读；第二板块，学习运用不同的工具、语言形式来处理信息，丰富积累；第三板块，在理解历史是靠一个个生动故事来记录、传承的基础上，学习根据需要运用不同方式讲述历史故事，重点学习历史剧本的撰写；第四板块，重点是学习有理有据地对历史人物、事件做出评价和判断。

再次，重视研究性学习，用好主题文本和共读的整本书，培养学生的逻辑思维能力，使其能清晰地进行观点的表达。例如，在"态度"板块，聚焦的是思辨能力；共读《射雕英雄传》或者《三国演义》，可以引导学生研究自己关心的话题。

最后，让走进历史博物馆等与主题课程有关的游学活动成为课程的一部分，尽量安排在课程总结阶段，既给学生以心理期待，又保证了游学活动目标的落实。

多维拓展式母语课程"一花一世界"(六年级)

一、课程内容简介

这是以林清玄的《百合花开》为"基地"文本创生和开发的一个母语学习课程。课程框架大致如下:

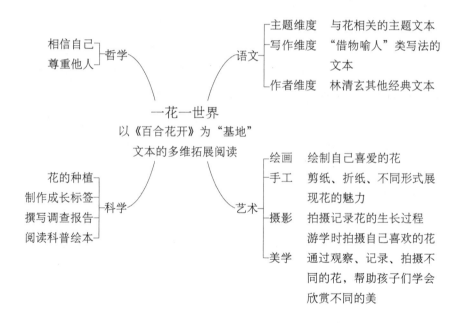

"一花一世界"是一个哲学话题,是一个朴素的哲学话题,十分契合六年级学生对世界和生活的探索和思考。在母语学习中,如何将这一话题融入一个逻辑和路径都清晰、自然的课程当中?一个合适的文本,就是最好的契机。林清玄的《百合花开》,是童话,更是散文,有情节,有细节，有哲思。文本的开放性，启发了这一多维拓展式母语课程的开发和实践。

发到学生手中的"教材"目录是这样的：

开启：科学绘本《花的世界》

板块一　意象之花，情有所寄
百合花开
赠刘景文
爱莲说
清塘荷韵

板块二　花木有心，借物喻人
桃花心木
行道树
落花生

板块三　真诚之心，感性之笔
少年，丑就娶个美女吧
和时间赛跑
与太阳赛跑
万物的心
放暑假

结课：绘本《花婆婆》

紧接着目录的是写给学生看的导语：

"一花一世界"这句包蕴着哲理的诗句最早出自英国诗人布莱克的诗，我国诗人徐志摩这样翻译原诗的开头：

一沙一世界，一花一天堂。

无限掌中置，刹那成永恒。

"一花一世界"这句话怎么理解呢？有人这样解读：宇宙间的奥秘，不过在一朵寻常的花中。真的吗？一朵寻常的花中竟然蕴藏着宇宙间的奥秘！

一年四季，时序更替，花开花落，此起彼伏。春有桃花灼灼，夏有荷花玉立，秋有飘香桂，冬有傲雪梅，花开四季景不同，那就让我们一起走进花儿的世界，从每一朵花里寻找宇宙间的奥秘吧。

为了读懂身边的每一朵花，为了读懂如花的生命，为了让我们的思想更加芬芳，我们将一起经历一段有意思的种花、赏花、悟花之旅。

◎ 养一盆自己喜爱的花，用心倾听花语，记录下与它朝夕相处的时光，与同学分享自己与花儿的故事。

◎ 用不同的方式呈现花儿的美丽，可以摄影，可以绘画，可以折纸，可以……

◎ 阅读绘本《花的四季》，了解自然界中的花；选择一个感兴趣的角度研究花。

◎ 花开烂漫，诗文飘香，一起经历一段花香四溢的阅读、写作之旅。我们将从这些诗文中品读美妙的文字，积累鲜活的语言，启发思维，领悟表达。我们将通过具体的文章认识一个作家——林清玄，学习一种写作方法——借物喻人，了解一类意象——花。

◎ 阅读绘本《花婆婆》，总结与反思，分享对"一花一世界"的感悟。

◎ 将自己的学习成果展示出来，与更多的人一起分享学习的快乐。

然后按照三个板块组织内容，每篇文章都根据内容和主题，结合学习目标的定位设计几个启发性的问题，以引导学生自主阅读思考。例如，针对《赠刘景文》一诗设计的思考题有：(1) 上联描写残秋景象，诗人要表达什么情意？联系全诗看，写荷、菊的作用是什么？ (2) 诗人为什么称"橙黄橘绿"是一年好景？这首诗想告诉我们一个什么人生哲理？《清塘荷韵》一文的题目旁边，出示了这样一道思考题：文章的题目被称为"文眼"，有的揭示了文章的主题，有的概括了文章的主要内容；有的朴素直白，有的出人意料。你怎样评价这个题目呢？在《梅花魂》的结尾提出的问题是：这个结尾与文章开头有什么联系？你用过这种写法吗？这些问题，有的指向内容的理解，有的指向方法的习得，有的指向表达策略的领悟，因文而异，将母语学习各维度、层次的目标很自然地渗透其中。

在选文上，既从整体课程架构上考量，关注"大概念"下板块内容之间的逻辑性，又注重经典性和典型意义，为学生的母语学习提供优秀的文本。第一板块集中"一花一世界"中"花"的意象；第二板块从"花"的象征性延伸到"借物喻人"的表达方法；第三板块聚焦一个作者，也就是聚焦一个人，聚焦一个人的成长历程和成就，从写林清玄的和林清玄写的文章的阅读中，感悟"一花一世界"揭示的人生意义，探讨其中的哲学意蕴。从"导语"中我们还可以发现，整个课程生活中，还有一些文本没有在"教材"中呈现出来，因为那是整本绘本的缘故，如课程生活前期共读的科学绘本《花的世界》，课程总结时共读的绘本故事《花婆婆》等。这些文本中，苏轼的《赠刘景文》、周敦颐的《爱莲说》自不必说，季羡林的《清塘荷韵》、许地山的《落花生》、林清玄的《百合花开》《桃花心木》《和时间赛跑》等，也都是很多教材选编的文章，文质兼美，堪称经典。

二、课程实施说明

母语课程当然要以母语学习为核心来组织课程生活。生活境遇是学生走进这段课程生活的准备、铺垫和基础。这一课程的路径从每个学生在自己的课桌上种植一盆花开始，科学实践与艺术探索融入"种植"生活之中，生活体验也就一天天丰盈起来。在第一阶段，重点做好这样几件事：一是每个学生都用心在自己的课桌上养一盆花，给花制作"名牌"，好好照顾它，陪伴它，关注它的生长变化，细心体验自己与花儿的故事；二是在养花的同时，一起共读科学绘本《花的世界》，研究自己的花，观察并用不同的艺术方式表现自己的花；三是随时记录这个过程中自己觉得有意思或有意义的故事、想法。

　　等到学生养花的生活体验足够丰富了，对"一花一世界"有了各自感性的认识，发给学生主题"教材"，开启一段与花相关的母语课程生活，学习与花相关的主题文本，集中学习几篇有代表性的"借物喻人"的文章，通过一组文章认识林清玄，研究林清玄，从林清玄的成长中受到启发。这段课程最后在哲学话题中留下无穷的回味——共读绘本《花婆婆》，分享对"一花一世界"的进一步理解和感悟。在小学毕业季实施这一课程，对学生的成长意义是十分明显的。

　　最后是写作表达。写作内容既与这段课程生活密切关联，又具有开放性，可以写自己与课桌上那盆花的故事，可以练习写一篇借物喻人的文章，也可以写一写自己的成长故事，渗透对"一花一世界"的理解和感悟……

　　我们可以看见，师生共同创造和拥有的这样一段课程生活，是真实的生活，也是真实的学习历程，"为儿童全生活着想"，创设了丰富多彩的学习境遇。在这个境遇中，学生的"语言文字运用"的学习得到了落实，言语生命得到了浸润，心灵得到了发展。

三、课程叙事分享

　　"为儿童全生活着想"的核心理念就是以儿童为本，通过学科融合的方式改变课程结构和生态，让课程生活真正为儿童的全面发展服务，使学生真正拥有烂漫的童真童趣、广博的智力背景、丰富的情感体验和活跃的思维状态。母语教育是贯彻落实全生活理念的主阵地，"全生活理念下的多维拓展式阅读教学"正是全生活教育改革试验结出的一枚果实。

　　"全生活理念下的多维拓展式阅读教学"在建构课程生活时重视对学生生活和知识背景的丰富，重视学生的课程体验和反思性实践，为学生的全面发展构建有联系的阅读生活。以"一花一世界"为主题、以林清玄的《百合花开》为"基地"文本展开的多维拓展式阅读教学课程很好地体现了"多维拓展式阅读教学"的追求。围绕"一花一世界"这一主题规划的课程生活，我们期待能给学生带来多方面的收获：体验养花的经历，观察和感受花的生命成长历程，从不同角度了解大自然中的花；以《百合花开》为"基地"文本延伸三个维度的拓展阅读，分别是"花"的主题维度、借物喻人的写法维度和作家（林清玄）与作品维度；围绕"花"进行艺术体验，如绘画、摄影、剪纸折纸等，感受并创造艺术之美；最后以绘本《花婆婆》的阅读结课，进行"一花一世界"的哲学启蒙。

课程从养一盆花开启，到绘本《花婆婆》的阅读结束，历时近两个月时间。近这两个月里，我们共同经历和书写着丰富多彩的课程故事。

1.都来养盆花吧

春天刚刚露出端倪的时候，我们开始了课程的规划。为了让课程很自然地融入学生生活当中，我并没有告诉学生，四月份将一起学习的是"一花一世界"主题课程。"春天了，让我们每人养一盆属于自己的花吧。"就这样，花儿陆陆续续地养起来了。

第一次用心用情地养一盆属于自己的花，可不能随随便便，要做好两件事：一是给自己的花制作一个标签，告诉别人自己的花的名字、科属、习性等等；二是为自己的花写一写成长日记，积累花的成长故事。两件事之外，还可以选择自己喜欢的方式表现花的美丽，例如为自己的花拍照、绘画，学一学折纸花等。

学生们几乎没有养花的经验，所以有的学生连养什么花也不是自己选择的，爸爸妈妈给买了什么花，就带了什么花来，花叫什么也不清楚，还有的学生因为仙人球之类的容易养活，便选择它们。不管出于怎样的想法选择的花，养起来了，总会有所收获吧。

真是一群熊孩子啊！花是陆陆续续养起来了，可每个人只珍爱自己的花，竟悄悄干起了摧残别人的花的恶作剧。虽然只是掐掐花叶捏捏花瓣，可花无力还手，几天下来有的花被折腾得奄奄一息了。也有真的不知道怎么照顾花的，不是忘了给它浇水就是浇水过度，原本欣欣向荣的花，没几天就蔫了。不过，这也没什么，恶作剧也罢，养蔫了也罢，都是一段经历，错误有时也会充当教育者的角色。

进入四月份，所有的孩子都养着或养过一盆属于自己的花，大部分孩子都为自己的花制作了标签，写了成长日记。在孩子们自己养花的同时，我开始和他们分享科学绘本《花的四季》。虽然六年级了，花的知识却很贫乏，绘本上各种花的形象、文字让他们开了眼界，他们学得津津有味。

觉得孩子们和自己的花相处的时间不短了，这天，我组织他们在课堂上第一次分享"我和我的花的故事"。有人站起来就说，自己的花被同学给摧残了，真的没有故事可说。很自然地，问题来了：为什么不保护好自己的花呢？为什么要摧残给大家带来美的花呢？孩子们陷入了沉默。

值得一说的故事还是有的。广的芦荟常常被掐断叶，没有想到的是那些被伤害的叶并没有枯萎，而是很快自己修复伤口，照样长得青翠鲜活。阳的风信子金黄色的花开得十分精神，周围的几个同学都像被感染了，也精神多了。故事都是简单的，并没有什么吸引人的情节，孩子们讲故事时，情绪也是波澜不惊的。这些已在意料之中，课程才刚刚开始呢。

2. 从《百合花开》出发

该是将多维拓展阅读的文本发到孩子们手里的时候了。

《百合花开》是课本中的文本，一篇童话，或者散文，林清玄的作品。这是一篇很有特色的文本，写的是悬崖边的一株百合花，不顾身边野草和蜂蝶的奚落，努力开出洁白的花儿。以后的每年春天，它都努力开花、结籽，多年后竟开满了山谷、草原。语言朴实，故事形象鲜明，借物喻人的手法运用得恰到好处。课题组的一位青年教师对文本进行了深入细致的解读，提炼出了"一花一世界"的主题。在此基础上，我们贯彻"全生活理念下的多维拓展式阅读教学"的理念，分别从"花"的主题维度、借物喻人的写法维度和作家与作品维度进行了拓展，选择了相关的文本。其中，"花"的主题维度选了苏轼的《赠刘景文》、周敦颐的《爱莲说》、季羡林的《清塘荷韵》；写法维度选了林清玄的《桃花心木》、张晓风的《行道树》、许地山的《落花生》；作家与作品维度选了雾满拦江的《少年，丑就娶个美女吧》、林清玄的《和时间赛跑》《与太阳赛跑》《万物的心》《放暑假》。

阅读教学，无论具体的学习目标是什么，每节课都应该是一个美妙的故事，让学生成为故事的创造者同时也身为故事中的主要角色，这样学生才会真正感受到母语的生命气息，才会学得有情有趣。所以，每个维度，甚至每篇文章的学习方法总是不一样的。

"花"的主题维度的三篇文章的学习，因为文体不同，每篇的课堂叙事自然不同。《赠刘景文》，除了古诗词学习常用的诵读外，"意象"的感悟和"典故"的体会使学生在与诗人产生情感共鸣的同时，领悟到了古诗内蕴的丰富、手法的美妙。《爱莲说》是文言小品，边诵边议，感受语言的精炼、节奏的变化，体会作者的志趣，感悟不同的人生志向。《清塘荷韵》是一篇语言朴实、情感真挚的散文，有故事有景致有真情，边读边批注，再分享各自的感悟，课堂也有了别样的韵味。这三篇诗文里都有"荷"，却在作者的笔下展现出不同的形象，这是很有意思的。分别读过三篇诗文后，让学生自己去比较、发现，又一起书写了一个精彩的课堂故事。这个维度的阅读学习，也丰富了学生对"一花一世界"的理解。

借物喻人的写法维度的三篇文章，运用的是对比阅读的策略，让学生从选材、内容、主题、写法、结构等方面进行对比。通过对比，学生不仅进一步理解了借物喻人的表现手法，而且发现一篇让人印象深刻的借物喻人的文章，都要有一个引人入胜的故事，但故事的讲法可以各有不同。借物喻人的写法，又怎么与"一花一世界"的主题联系起来呢？学生有了新的思考和发现：这"花"，原来不仅仅是"花"啊！

作家与作品维度的阅读是学生最感兴趣的，这兴趣首先来自雾满拦江的《少年，丑就娶个美女吧》。这是一篇传记，文章没有一般传记作品的端庄，也没有浓笔细描林清玄的人生成就，而是从一个长得很丑的少年的三个愿望落笔，让读者看到了林清玄"喜剧性"的成长足迹。

这是一个有趣的文本。有趣，是学生爱读的最佳理由。那就先分享"有趣"，从题目到内容再到文字的风格，学生聊得津津有味；谈完"有趣"，再品味字里行间的"情趣"；聊完"情趣"，再感悟文章蕴含的"理趣"：层层深入，意趣横生。一篇两千多字的文章，一节课，35分钟时间，从"有趣"到"情趣"再到"理趣"，对话的过程是那么行云流水，举重若轻，师生都意犹未尽，收获满满。

有了这篇富有个性的传记作为铺垫，再来读林清玄的作品，学生既读出了疑问，也读出了心领神会，尤其发现了一个作家的作品与他的成长经历是密切相关的——对于六年级的学生来说，这是多么重要的自主发现啊！

读完了这三个维度拓展的文本，再来聊聊对"一花一世界"的理解，学生的感悟又进了一步：一花一世界，一人一世界，万物一世界。

3. 我和我的花儿的故事

经历了三个维度的拓展阅读，再来分享自己与花的故事，学生们会呈现出怎样的精彩呢？

这次是用文字来分享的。故事不再像上一次那样简单无趣了，每个人都重新发现了自己与花的故事——

静夜，春天的静夜，教室的一方课桌上，一棵树静立，它实在是太奇怪了：为什么它的同伴都是花而它是棵树？

原本买树就是为了图省事，觉得树不用常照顾，不承想我竟从它身上看到了光芒，看到了道理。我买的树其实很普通啦，就是常见的印度橡胶榕。与班上那些妖娆的花朵们相比，差别实在是大，如同老妪见了美女般。

它实在是太一无是处了，既不会开花也没美丽的外貌，有的只是几片巨大的墨绿色的叶子与坚硬的直茎，一点也不漂亮。而且，它的生长速度实在太慢了，其他花的花期都过了，他却连叶子都没多长出几片来。

我渐渐对它丧失信心，连续好几天不给它浇水。过了几天，再一次看见它时我却惊呆了，恍恍惚惚的，看见了几个小芽，嫩嫩的，绿绿的，真好看！原来这几天它一直都在积攒力量，等待长出新叶的那一天，真是不鸣则已，一鸣惊人呀！有的时候，我会想象，我的树是不是也有自己的思想，有自己的世界呢？回想当初我不给它浇水要它自生自灭，这不像极了林清玄的遭遇吗？树和林清玄一样，都没有放弃，继续寻找自己的梦想。试想一下，如果林清玄和树当初放弃了，开始自暴自弃，林清玄还可以有那么多成就，树还会长得这么茂盛吗？我还要向张晓风笔下的行道树学习，虽然生活在不尽如人意的地方，依然不放弃，努力生长为人类造福。

后来，我终于明白——"一花一世界，一草一天堂。无限掌中置，刹那成永恒。"一株草一棵树都有它自己的世界自己的天堂，何况我们人呢！（杨洋洋）

我的花的故事很悲惨，但它同样以乐观的心情装扮教室，就像张晓风笔下的行道树一样——毫无保留地为城市贡献清新空气，虽不能像其他伙伴那样住在山里、乡间过好日子，但乐于助人的品质使自己快乐。这一点张晓风自己也许是深有体会。在工作岗位上，很多人身不由己，干着自己不喜欢的事，却以乐观的态度支撑自己干下去，并且使生命有了积极的意义。

"一花一世界，一人一世界，万物一世界"，让我们一起努力，创造更加美好的世界！（吴晶晶）

故事当中，有了对"一花一世界"的感悟，也有了借物喻人写法的灵活运用。每个人在课程中都有了收获，有了成长，有了真正属于自己的故事。

4.《花婆婆》中的三件事

选择绘本《花婆婆》作为"一花一世界"主题课程的结课材料，不仅仅是因为绘本的主人公被称为"花婆婆"，更重要的是花婆婆一生所做的三件事正是每一个人实现人生价值的哲学意味的概括。对于学生的生命成长而言，这一哲学启蒙，在一系列的课程学习活动之后，通过绘本阅读的方式呈现出来，是最合适的。

荣获美国图画书大奖的《花婆婆》是一本非常流行和著名的绘本。作者芭芭拉·库尼以一颗阳光的心灵，用图画和简单的文字描绘并传递了对于"美好""美丽"的热爱和追寻。故事从主人公还是一个小女孩开始，讲述了其一生追寻和传播美丽的故事——

有一个小女孩，跟爷爷住在海边。爷爷常常讲一些远方发生的故事给她听。小女孩对爷爷说：我长大以后，要像你一样去很远的地方旅行；我老的时候，也要像你一样，住在海边。爷爷说：很好，但是你要记得做一件让世界变得更美丽的事。小女孩长大后，真的去很远的地方旅行。有一年，她骑骆驼时，不小心摔伤了，她就到海边住下来，每天看着日升日落，她觉得这个世界已经够美了，还能做什么让世界变得更美丽的事呢？有一天，她撒在花园里的鲁冰花开了，这种紫色、蓝色、粉红色的穗状花朵，非常漂亮，她想，等身体比较好的时候，她要再多种一些。一天早上，她走到山坡上，发现那里也开满一大片的鲁冰花，她心里想：一定是蜜蜂、蝴蝶从我的花园里散播到这边的。这时候，她突然想到了一个好点子，她买了很多鲁冰花的种子，每天出门就到处去撒种子，邻居的小孩子常常跟在她后面，叫她"怪婆婆"。

第二年春天，整个小镇的教堂和教室后面、公路和乡间小路边上，都开满了美丽的鲁冰花，大家才知道，原来她是在撒花种子，从此以后，大家就改口叫她"花婆婆"。后来，有很多小朋友常去听她讲故事，她讲的是很远的地方所发生的故事。有一次，一个小女孩对她说：我长大以后要像你一样，去很远很远的地方旅行，我老的时候也要像你一样住在海边。她说：嗯！很好，但是你要记得做一件让世界变得更美丽的事……

如何理解花婆婆所做的三件事呢？

花婆婆做的第一件事是像她的爷爷一样去很远的地方旅行。孩子们认为这件事的实质是丰富人生的经历，是结交更多朋友，是拓宽视野，是探索人生的意义。第二件事是当她老了，像爷爷一样住在海边。小房子、花园、海边，这些事物让孩子们想到了"累了，想休息了"，还想到了"安顿自己的心灵"。虽然是十一二岁的小孩，对生命旅程的认识，同样是深刻的。

重点讨论的是第三件事——做一件让世界变得更美丽的事。花婆婆做的事是："整个夏天，她的口袋里装满了花种子，她一面散步，一面撒种子。"结果，"第二年春天，那些种子几乎同时都开花了！原野上、山坡上开满了蓝色的、紫色的和粉红色的鲁冰花，它们沿着公路和乡间小路盛开着，明亮地点缀在教室和教堂后面，连空地上和高高的石墙下面，也都开满了美丽的鲁冰花。"为什么要做第三件事呢？对于每一个人来说，"第三件事"到底意味着什么？"让自己的生命更有意义。"这样的答案几乎是不用思考就能给出来的，但总让人觉得很空洞。那怎样更进一步呢？我问孩子们，难道第一件事和第二件事不是为了"让生命更有意义"吗？

教室里静了一会儿，大家都在思考。然后，再分享各自思考的结果。

"花婆婆做的第一件和第二件事都是为了自己，而第三件事她是为了别人、为了这个世界。"

"为自己去旅行，然后住在海边，为什么还要为这个世界撒下许许多多鲁冰花的种子呢？"

"为了让生命更有意义啊。"

"能结合'一花一世界'来说说吗？"

"每个人都拥有自己的世界，同时与大家一起生活在同一个世界中。共同的世界为每个人做了很多很多，我们每个人也应该感恩这个世界，让世界更加美好。"

是的，人的一生也如同花的一生，成长，美丽绽放，静静孕育种子，回归土地。每个人都拥有自己的世界，也都和万物一起拥有一个共同的世界，共同的世界美好了，每个人的人生才会美好……这原本是十分抽象的道理，经历了"一花一世界"主题课程的学习，就变成了大家都有切身体会的认识。

想起课堂上的一个小插曲。有人说了这样一句话："反正都是要死的，干吗要做那么多事啊？"

孩子们对这个话题很感兴趣，就讨论了一番。

"就像花婆婆一样，她做了这三件事后死了便是有价值的了，不然就没有意义了。"

"正是因为知道最终会死的，所以才要做很多事情啊！"

"是的啊，生命只有一次，而且一定会走向死亡，所以更要珍惜，更要活得有意义。"

"我还想到了一句话：人固有一死，或轻如鸿毛，或重如泰山。"

……

后来，提出话题的男孩自己给出了答案。那已是第二天课间。我招呼他："怎么想的呢？"他心领神会："昨天晚上我又认真思考了这个问题，有了新的想法。我觉得，聪明人都要好好活着，为了使这个世界更加美好，笨人就别活着了。"

"那么你觉得什么样的人属于聪明人，什么样的人属于笨人呢？"我微笑着问他。

他夸张地眨眨眼："这个问题还没有想清楚。所以，我还得思考。"

"看来你不明白的问题还多着呢。"

"对啊，只有活着才能慢慢弄明白啊。"他说完，转身走了。

他用自己的方式和我分享了他对"花婆婆"的三件事以及生命意义的理解，这么简单，又如此深邃。这，就是多维拓展式阅读教学理念下的课程生活带给孩子们的思考和成长啊。

第 五 辑

母语课程的课堂演绎艺术

真诚之心，感性之笔

——"一花一世界"主题课程之聊聊林清玄的成长故事

一、课程简说

以林清玄《百合花开》为"基地"文本展开的多维拓展式阅读教学活动有一个主题——"一花一世界"。这个主题下安排了系列学习活动，涉及语文、科学、艺术和哲学。这些学习活动中，文本阅读分成了三个板块。第一个板块是"花入诗文，景美情真"，选文有苏轼的《赠刘景文》、周敦颐的《爱莲说》、季羡林的《清塘荷韵》；第二个板块是"花木有心，借物喻人"，选文是林清玄的《桃花心木》、张晓风的《行道树》、许地山的《落花生》；第三个板块是"真诚之心，感性之笔"，选文包括雾满拦江的《少年，丑就娶个美女吧》、林清玄的《和时间赛跑》《万物的心》《放暑假》。

第三个板块四篇文章的学习，用了三课时的时间。第一课时围绕一个"趣"字，分"有趣""情趣""理趣"三个层次聊《少年，丑就娶个美女吧》的内容和表达特点，了解林清玄的人生经历和成长足迹。第二、三课时引导学生结合《少年，丑就娶个美女吧》阅读林清玄的《和时间赛跑》《万物的心》《放暑假》，尝试解读林清玄的生命和创作密码，并从中受到多方面的启发。

解读林清玄的生命和创作密码，初步感悟到一个作家的作品与他的成长经历密切相关，这种尝试一定是以学生独立的阅读思考、发现、体验为基础的，然后在交流分享中再相互启发，收获更丰富的思考成果。

用了整整一节课时间，学生围绕一个统领性的主问题独立阅读思考：

读过这三篇林清玄的作品，结合《少年，丑就娶个美女吧》一文提供的信息，你有哪些发现、感悟和疑惑？学生读书、思考、批注，然后与身边的同伴交流，相互启发，重新审视自己的观点，提出新的疑问。

当学生们都有了自己的阅读思考，"让我们聊聊"就成了一件很有意义的学习活动了。下面就是第三课时的聊课实录。

二、课堂实录

1. 开"聊"：确定方向，聚焦作者

师：我们上节课已经把第三板块的文章都认真读了，这节课我们就一起来聊一聊。第一篇是《少年，丑就娶个美女吧》。这少年是谁呀？

生：林清玄。

师：来梳理一下，我们曾经读过的和正在读的林清玄的文章有——

生：《放暑假》《和时间赛跑》《万物的心》，还有《百合花开》和《桃花心木》。

师：《百合花开》可以说是童话，也可以说是用拟人化的手法写的散文，也就是借物喻人的文章。《桃花心木》我们在第二个板块学过了。

师：（板书这几篇文章的题目）每一个作者，他拿起笔来写下的都是他自己的故事，《少年，丑就娶个美女吧》的作者好像写的不是自己的故事。

生：别人的，林清玄的。

师：那我们常说的这句话不就错了吗？我们早就认同了拿起笔写出来的故事都是自己的故事，雾满拦江写出来的故事却不是自己的，而是林清玄的，你怎么解释？

生：在林清玄的故事里加入了自己的判断，自己的感情。

师：对林清玄的这种人生经历非常感兴趣，从他的经历当中得到了一些启示，并且想把这种感受和启示通过这样一篇传记传达给更多的读者，所以说他其实也是在写自己的故事，把自己的故事隐藏在林清玄的故事背后。但是我们现在重点要谈的是谁？

生：林清玄。

2. 热 "聊"：顺 "疑" 而导，得意得言

师：知道了林清玄有这样一段人生经历，又读了林清玄的《百合花开》《桃花心木》《和时间赛跑》《放暑假》《万物的心》，你能把他的文字和他的人生经历联系起来吗？你有怎样的发现？怎样的感悟？我们就聊这些话题。当然，肯定有同学在读林清玄的文字时会产生一些疑问，这些疑问没有解答，可能建立联系时就会有困难，对吧？那就先说出你的疑问，如果没疑问，我们就进入下一环节。

生：《少年，丑就娶个美女吧》中说，他的父亲没有一点见识，而在《和时间赛跑》中他父亲说了这样的话："所有的时间和事物，所有时间里的事物，都永远不会回来了。你的昨天过去了，它就永远变成昨天，你再也不能回到昨天了……"这让我感觉他父亲特别有见识，而且还充满智慧。这矛盾啊，不可能。

师：也就是说《少年，丑就娶个美女吧》中的父亲形象与《和时间赛跑》中的不一样。

生：我觉得不矛盾，他爸爸虽然没什么见识，但有生活经验，也遇到过这种事情。

师：他爸爸肯定遇到过这种事情。

生：所以他爸爸这么说是有道理的。

生：我认为他爸爸不可能说出这些话，林清玄只是为了突出《和时间赛跑》的主题。

师：你觉得林清玄他只是想突出和时间赛跑这个主题，然后创造了这个父亲的形象，对吧？

生：他父亲说的话可能没这么有哲理。

师：哦，父亲可能说了什么，只是没有这么有哲理。

生：这是可能的，因为他见识少，但经历未必少。

师：有时候经历就是见识。最先提出这个问题的是杨洋洋，现在你怎么看？

生：他爸爸抚养了十几个孩子，既然可以把这十几个孩子都养大，那人生经验啊，见识呀，都是有一定层次的。另外，这是林清玄小学时的事情了，他现在都这么大了，记忆肯定是有出入的，或者他在文章中美化了一下。

师：是啊，他爸爸可能说过类似意思的话，只是说得没有这么美，没这么富有哲理而已，当林清玄拿起笔来写这件事情的时候，他把那段话用自己的方式表达了出来。很好，看来同学们能够认真思考，再一次证明了我们常强调的那句话：你会提问题就是会学习。还有什么疑问吗？

生：根本读不懂林清玄写的《万物的心》，太有哲理了。

师：太有哲理了！你知道有哲理就是读不懂哲理在哪里。一点都不懂？

生：读得懂一点。

师：好，把你懂的一点，跟大家交流一下。

生：他写花草什么的，告诉人们要温柔地对待一草一木。

师：有没有人懂得多一点，或者说在这篇文章的阅读当中有比他更具体的问题？既然大家没有问题，也就是其他人并没有遇到像尹世超这样的困惑，那我们就找同学帮尹世超来解读一下《万物的心》。翼腾，你的理解——

生：他父亲属于把自己的那种愚蠢强加于子女身上的那种男人，所以他小时候的生活环境不好，导致他对万物有感恩的心。

师：这就奇怪了，小时候你生活在苦难中，生活环境非常恶劣，有可能使你的情感非常糟，甚至对这个世界产生抵触的情绪，为什么林清玄却拥有了一颗感恩的心？你又如何理解这个问题？

生：以前他家里很穷，什么都没有，觉得什么东西都是来之不易的，所以十分珍惜现在身边的所有东西。

师：这个来之不易，能不能在他的某篇文章当中找到依据呢？

生：《放暑假》中有："看着孩子的背影，我想到三十年前的暑假自己的背影，爸爸在前面拉着两轮的板车，我在后面推着，板车上堆满香蕉，只看见爸爸赤裸上身的背，全是湿淋淋的汗水。"

师：每一个人的思想，都与他的成长经历有关。仅仅这一篇文章让你找到答案吗？还有没有哪篇文章，也让你找到答案？

生：《少年，丑就娶个美女吧》。我是从林清玄的父亲对他的不屑的态度中读出来的，我觉得这种不屑的态度激励了他。

师：他把父亲的不屑当作另外一种激励。我们每个人对事物有自己的判断，有自己的态度。有人把苦难当作财富，有人就把苦难当作垃圾，他把苦难当作了——财富。刚才还有人说在另外一篇文章里，也找到了答案。

生：《和时间赛跑》。"有一天我放学回家，看到太阳快落山了，就下决心说：'我要比太阳更快回家。'我狂奔回去，站在庭院里喘气的时候，看到太阳还露着半边脸，我高兴地跳起来……"这是珍惜时间的表现。

师：他有一颗珍惜时间的心，也有一颗珍惜时间中所有万物的心，是不是？

生：通过他们的理解我读出了万物的心。

师：他现在觉得大家刚才说的又让他对《万物的心》有了新的感悟。你看，互相启发多好！说说。

生：我觉得《万物的心》里面也有自我的启发，运用了借物喻人的写法，以花草树木来写自己。

师：读——

生："树木为了生命的美好而欣欣向荣，想要在好风好水中生活、建立生命福报的人，是不是也要为迈向生命的美好境界而努力向前呢？"

师：他这句话表达了什么意思？

生：就是如果你要成就美好就必须努力。

师：你要变得美好就必须去努力。一草一木之所以能够欣欣向荣，花儿之所以能够开得那么漂亮，树之所以能够那么苍翠，是因为它们都有着努力的心，都在努力地成长，对吧？人要想达到这样的境界，也必须努力。接着聊，还有什么疑惑？

生：我想说说《万物的心》的第二、三、四自然段。这几个自然段讲的就是所谓"风水好""有福报""美好的心灵"分别指什么。还有，这三段都很短，可以合为一个自然段，他却分成三个自然段，可能跟他的爱好有关。

师：跟写作风格有关，是不是？在其他文章当中你是不是也发现了段落很短的写作风格呢？你如果要发现自然段很短这样的风格，就要大量地去读他的文章。我们可以对照一下《百合花开》《桃花心木》《和时间赛跑》《放暑假》，看看他写的段落是不是都很简短，他是不是要把每个意思都突出出来。

生：林清玄写文章有一个特点，最后都点明一个道理，只不过是在写故事的基础上。

师：你的意思是你发现林清玄的文章还有一个共同的特点，即通过故事来揭示一个生活的道理，而且一般都是在结尾的时候点明这个道理，对吧？刚才有同学提出了另外一个写作风格：在我们常人看来，这三个自然段可以放在一个段落，并且中间用分号来隔开就行了，可他就分成三个自然段来写。

生：对呀。

师：你可以多读一读，你会慢慢地感受到这种写法到底有什么样的用途，对于读者来说有什么样的意义。你是喜欢放在一个段落中用分号隔开呢，还是喜欢林清玄现在这种写法？你可以把这三个自然段放在一块小声地读读，再感受感受。

生：我觉得如果放在一起的话，中间没有停顿，读者理解的时候，就很累；如果分自然段的话，中间停顿的时间就长，所以理解起来会更加容易，而且读起来会更加有感觉。

师：哦，也就是说，他一个自然段一个自然段地来写这三句话，每一句话他都给了读者——

生：思考的时间。

师：让你领悟得更加透彻，这个理解很有道理。其次呢，如果认真地读，你会发现从"风水好"到"有福报"再到"美好的心灵"，有什么联系？

生：递进。

师：对，在递进呐，一步一步地到了人的心灵。你们真了不起！接着说，疑问就是最好的学习，你说。

生：《万物的心》，我感觉林清玄只写了他的心和人们的心。

生：写了万物的心，整篇文章都在写万物的心啊，包括一树一木、一花一草，通过万物的心来了解人们的心。

师：一花一草、一树一木、你和我——

生：都是万物的心。

师：都是万物的心，说得特别好。我来问一个小小的，跟你们的问题比要小儿科的问题。"青青翠竹皆是法身"，后面那句话怎么读？

生："郁郁黄花无非般若"。

师：最后两个字读 bō rě，梵文的音译。

师：洋洋，你想说什么？

生：我只是突然想到，百度上说林清玄是信佛教的。

师：对，这就是佛学中的话语，林清玄倾心于佛学，注意一下，佛教是宗教，佛学是哲学。

生：一个是宗教，一个是学问。

师：对！不一样。般若是什么意思？就在这句话中找。

生：智。

师：哦，智慧，而且还不是一般的智慧，是大智慧。

生：后面有解释。

师：后面怎么说？

生："每一株竹子里都宝藏着佛德法身，每一朵黄花里都开满了智慧呀！"

3. 再"聊"：比较作品，感悟人生

师：没问题了吧？那我要提问了，如果这几篇文章让你排一下作者写作的顺序的话，你怎么来排？为什么？

生：第一个应该是《桃花心木》，第二个是《百合花开》，第三个是《和时间赛跑》，第四个是《放暑假》，第五个是《万物的心》。

师：你看他把《万物的心》放最后了。

生：我觉得应该是《百合花开》《桃花心木》《放暑假》《和时间赛跑》《万物的心》。

师：说说你的想法。

生：我觉得，依据作者写文章的结构还有对事物理解的深度，应该就是这么排。

师：他在每篇文章里所揭示的道理的深度，按照这样的顺序，是越来越浅还是越来越深刻呢？

生：深刻。

师：越来越深刻了，那《百合花开》揭示的是什么道理？

生：应该是就算没有人看好你，你也要好好地活着做最好的自己。

师：《万物的心》呢？

生：老师，这篇文章我觉得自己还没悟透呢。

师：你看，《万物的心》聊这么长时间还没悟透，证明道理非常深刻，所以把他排在后面，是不是这样？

生：我觉得《百合花开》排第一，《桃花心木》排第二，《万物的心》排第三，《和时间赛跑》排第四，《放暑假》排第五。

生：不赞同，极不赞同。理由？

生：《百合花开》和《桃花心木》都是作者要表达一个道理，抓住一个事物来写的；《万物的心》，指向万物，包括桃花心木和百合花，谈所有的人、所有万物的心；《和时间赛跑》，谈时间，时间飞快；《放暑假》，回忆放暑假的生活。

师：你分别把这几篇文章的内容和主题说了一下，为什么有这样的主题和内容就有了这样的顺序呢？

生：先写《百合花开》和《桃花心木》，再写《万物的心》，我觉得是正确的。先写前面两篇，有一个铺垫，后面自然写到万物。

师：那另两篇为什么排在第四、第五？

生：因为"和时间赛跑"嘛，他年龄大了才写以前的事情。

师：人越老越喜欢回忆。

生：对。

生：我的顺序是《桃花心木》《百合花开》《放暑假》《时间赛跑》《万物的心》。理由嘛，《桃花心木》反映的是初来乍到什么都不懂，还要问别人；《百合花开》反映的是坚强与努力！

师：博通同学讲的是做最好的自己，是不是？

生：《放暑假》，回想自己以前的事；《和时间赛跑》，已经开始悟出来了时间是多么的珍贵；《万物的心》，就是自己什么都明白了，要感谢万物。

师：对世界万物都已经了然于心了，世界万象都融为一体，万物归宗，它们的理都已经被林清玄参透了。

生：我的顺序是《百合花开》《桃花心木》《和时间赛跑》《放暑假》《万物的心》。第三篇《和时间赛跑》提到了"后来的20年里"，但是《放暑假》提到了"我想到30年前"，所以我觉得《和时间赛跑》在前面，《放暑假》在后面一点。

师：你从文章细节上发现了这两篇是作者多大年龄写的，读得非常细致。现在我们会发现，除了一位同学把《万物的心》放在第三位，大部分同学都把《万物的心》放在最后。

生：他这篇文章里头，作为读者来看空洞的语言太多了。人越来越老，文章应该越来越有味，读完整篇文章没感觉哪个地方有味道，很稚嫩。

师：真了不起，认为这篇文章很稚嫩。不过，如果读林清玄的文章够多，你就会发现，对万物的参悟，是林清玄的阅历更加丰富之后的事。这篇确实缺少故事感，但他的《菩提十书》里故事很丰富的。我建议有兴趣的同学可以课下找来更多的林清玄的作品读一读。

师：这样的对比、排序，让你发现了什么？

生：一个作者的作品是随着人生经历的发展而有所变化的。

生：理解一个作者的作品，有时候要了解他的人生经历。

……

三、教后思考

这节课，似乎聊得很随意，但孩子们都有意犹未尽的感觉。这是"一花一世界"主题下的一个学习版块，最后当然要联系这个主题，做一下升华式的讨论。我故意这样问孩子们：我们今天讨论的是"一花一世界"主题下的文章，可是似乎与"一花一世界"没有关系啊？孩子们马上就给出了自己的看法：每一朵花都有自己的世界，每一个人也会有自己的世界，正如《万物的心》中所表达的一样。林清玄不就是用文章来向人们展示他眼中、心中的世界吗？同时，孩子们还意识到了，万物都共同拥有一个世界，所以要学会向这个世界中的万物感恩。

建构有联系的阅读生活，让阅读成为一种反思性的实践活动，是多维拓展式阅读教学的主要目标诉求之一。将林清玄的几篇文章放到一起来读来"聊"，语文本体性的学习活动不仅没有弱化，反而在学生自主思考、相互启发中得到了凸显。例如聊到《万物的心》第二、三、四自然段的写法，关注的就不仅仅是作者的写作风格，更有内容与形式、意与言的关系。同时，"聊"的过程中，观点得到展示，更得到了自我的和相互的审视，使思维得以向更开放的维度和更深处发展——促进思维的发展正是母语教育不可或缺的重要任务。

先读雾满拦江的《少年，丑就娶个美女吧》，然后再聚焦林清玄的作品，可以藉由《少年，丑就娶个美女吧》引发学生对林清玄的兴趣，同时也奠定了课堂对话"聊"的基调。有了对作家浓厚的兴趣，再同时阅读他的多篇作品，学生就是在相对丰富的知识背景下建构自己的认知，体会就会更加深刻。给林清玄的几篇文章按时间排序，学生比较作品内容和表达特色，不是拘泥于作品本身，而是同时关注了作者的人生历程。这样的学习活动，既有意思，也有意义——学生的收获是最好的证明。

每个故事都是属于自己的

——"风筝的故事"主题课程教学实录与反思

一、课程说明

以"风筝的故事"为主题的"为儿童全生活着想"的母语课程,"意象"板块的选文包括苏叔阳的《理想的风筝》、鲁迅的《风筝》、朱成玉的《风筝的心》和王安忆的《风筝》。

风筝起源于中国春秋时代。在风筝的发展过程中,具有悠久历史的中国传统文化不断与风筝工艺相融合,神话故事、花鸟瑞兽、吉祥寓意等都在风筝上有所表现,从而形成了独特的风筝文化。当一件事物成为一种文化符号时,不同的人会从其身上找到某种独特的精神寄托或赋予其独特的精神意义。对于儿童,风筝可能仅仅是春天的一种玩具,放风筝就是一种单纯的游戏。宽广的场地,辽远的天空,挟风而上的风筝,奔跑,欢笑,自由,惬意,风筝线上一定牵着童年的飞翔梦。对于儿童,风筝就是自由快乐的象征。

那么,走过了童年,走过了天真烂漫的时光,那些大人们的眼里和心中,是不是还有风筝在飞翔?他们和风筝的故事也是奔跑、欢笑、自由、惬意吗?孩子们在用游戏书写风筝的故事,成人在用岁月来诠释心中风筝的形象。因为时代、经历和境遇的不同,风筝赋予每个成人的精神意义既有相通之处,又有独特的内涵。藉由一组不同时期的作家抒写的风筝的故事,会给孩子们展现出怎样不同的情景和情思,又会给孩子们带来哪些具体的阅读体验和感悟?这是值得期待的阅读历程。

以具有多维拓展价值的经典文本为出发点，经由发现与体验、分享与交流、整合与应用的学习历程，促使学生获得丰富的母语学习体验，这是母语课程建构的路径之一。苏叔阳的《理想的风筝》是教材中的文本，是一个独特的文本。第一，它是一篇写人记事的回忆性散文，其中的人又具有鲜明的身份特征——教师。这就很自然地让人联想到小学语文课本上有很多关于教师的文本。第二，文中的风筝意象包蕴着人们心中共同的言语和精神密码，从这一角度，围绕"风筝的故事"进行拓展，展开一段母语课程生活，是一个新的维度选择。第三，我们还可以从作者的维度进行拓展，引导学生阅读苏叔阳的《中国读本》……

"风筝的故事"主题课程是从风筝的"意象"维度组织实施的探究性、批判性的母语学习活动，是融合性母语课程的一部分。经由这样一次母语学习活动，学习运用对比阅读策略，感悟不同文本表达的内容和情思，同时拓展学生的探究视野，丰富学生的文化背景，发展学生的批判性思维。

二、备课构想

"风筝的故事"主题课程的教学目标很明确，即通过对比阅读，让学生感悟不同作者与风筝之间独特的故事，探讨"风筝的故事"背后蕴藏的丰富意义，关注"全生活"，拓宽文化背景，认识到每个人的经历、思考不同，即使围绕相同的线索，写出来的故事内容和主题也是不同的，藉此发展学生的批判性思维。

学生对风筝的兴趣与阅读"风筝的故事"的兴趣不是一回事，对风筝的兴趣来自童年天性，阅读"风筝的故事"需要营造氛围，激发期待。虽有不同，这两者之间却有着几乎是天然的联系，无论风筝的故事有多独特，风筝的意象都是相通的，翱翔蓝天的自由，一根线的牵挂，都与风筝的意象紧密关联。

阅读的兴趣从学生的经验中生发，阅读的深入就很自然。"草长莺飞二月天，拂堤杨柳醉春烟。儿童放学归来早，忙趁东风放纸鸢。"（高鼎

《村居》）这充满童趣的诗句，激活了儿童经验，引领着学生聚焦"风筝的故事"，一次独特的阅读之旅就此开启。

可以肯定，大多数学生有自己关于风筝的故事，这些故事的主题可能是快乐、自由，也可能是呵护、牵挂，那么，如果是理想呢？那会是一个怎样的故事？《理想的风筝》很自然地成为学生探究的第一个文本，第一个故事。阅读《理想的风筝》，追问苏叔阳为什么要如此深情地抒写对刘老师的回忆，文本本身就提供了充分满足的信息。在这个故事中，"风筝"上系着回忆和怀念，系着乐观的生活态度和美好的人生理想。刘老师的左腿"从膝以下全部截去，靠一根被用得油亮的圆木拐杖支撑"，但他似乎比身体健康的每一个人都要乐观，都要积极。学生尊敬一个身体有残疾精神却乐观的老师，只能算是一种普遍意义上的情感。刘老师直接影响了苏叔阳日后学业的选择，才是他敬重、怀念刘老师的更个性化、更具具体意义的原因。"后来，我考入了历史学系，和刘老师的影响有极大的关系。"刘老师积极乐观的生活态度，在当时年少的苏叔阳心中种下了一颗不断进取、积极追求的种子。"那些给了我数不清的幻梦的风筝将陪伴着我的心，永远在祖国的蓝天上滑翔。"刘老师在那些个春天里放飞的不仅仅是他亲手制作的风筝，同时将苏叔阳的人生理想放飞在祖国的蓝天上；当年刘老师在他心中种下的理想的种子，一直在茁壮地成长着，直到永远。毫无疑问，刘老师就是苏叔阳心中最敬仰的人生导师，他满怀深情地抒写对刘老师的深切怀念，完全是感情的真实流露、自然抒发。"理想的风筝"，放飞的是刘老师的理想，更是苏叔阳的理想。在苏叔阳的风筝故事中，风筝就是飞翔的心，就是理想的象征。

在每个人各不相同的经历中都有属于自己的"风筝的故事"，这些故事表达的思想情感会是一样的吗？正如学生们自己的"风筝的故事"与苏叔阳的是不同的，其他作家笔下的风筝故事也都是属于他们自己的，具有独特的意义和价值。鲁迅的《风筝》表达的是对弟弟的愧疚，更是对泯灭儿童天性的做法的忏悔；朱成玉的《风筝的心》，抒发了对童年可以自由自在放飞风筝的生活的怀念，表达了对现实中钢筋水泥困住了童年的不满；王安忆的《风筝》借风筝的形象，运用比喻的手法抒写了母亲对儿女的牵挂。一起读过《理想的风筝》，再对比着读一读这三篇文章，让学生自己去发现——原来，不同的经历，不同的视角，呈现出来的是不一样的"风筝的故事"。进而，学生会认识到，不同故事中的风筝，却拥有共同的美好的象征意义——童年的自由、人生的理想、温暖的牵挂、纯真的快乐。

三、课堂实录

1. 起："儿童散学归来早，忙趁东风放纸鸢"

师：同学们，窗里窗外，绿意盎然，鲜花盛开，真的是"最是一年"——

生："春好处，绝胜烟柳满皇都"。

师：虽处北京，我们这儿还应算是农村。大家还记得清代诗人高鼎的《村居》吗？（记得）我请一位同学有情有趣地诵读一遍。

生："草长莺飞二月天，拂堤杨柳醉春烟。儿童散学归来早，忙趁东风放纸鸢。"

师：你最喜欢这首诗中描绘的什么景象？

生（女）：我最喜欢的是"草长莺飞二月天，拂堤杨柳醉春烟"描绘的景象，小草绿了，鸟儿唱着歌飞上天空，春风吹拂着杨柳，春天真美啊，让人陶醉。

师：这就是女孩，对美的事物最敏感。

生（男）：我喜欢"儿童散学归来早，忙趁东风放纸鸢"。放学了，把书包一扔，忙着去放风筝，多开心啊。

师：我就知道男孩喜欢的是这两句。（大家笑）男孩嘛，爱玩，这是天性啊。

师：诗中的儿童放学后忙着放风筝，你们喜不喜欢放风筝呀？（喜欢）放过吗？（放过）

师：（展示一个小小的风筝模型）真巧，学校的一位老师好像知道我们要学习有关风筝的文章一样，上周从风筝之乡潍坊带回一只小风筝送给我。我想，如果它再大一点，系上线轴，我们就可以到操场上放飞它了。大家来分享一下，如果让你以"风筝"为题写一写自己与风筝的故事，你会写什么？

生：我会写我自己亲手制作风筝的故事。

师：题目是？

生：漂亮的风筝。

生：有一次，我和好朋友一起到南海子公司去放一只凤凰风筝，风太大了，结果风筝线缠到了一根灯柱上，风筝开始往下落。我们舍不得弄坏风筝，赶紧将线弄断了……题目是"断线的风筝"。

生：我会写那次在楼房顶上放风筝的事。

师：楼房顶上放风筝？

生：对呀。家旁边没有空地，又不想去很远的地方，干脆就在楼房顶上放。风筝飞起来了，就是人没办法跑起来。题目是"楼顶上的风筝"。

师：每个人都有自己与众不同的风筝的故事。我们常常这样来形容风筝：轻盈的，漂亮的……如果以"理想的风筝"（板书）为题，你觉得会是一个什么样的故事呢？

生：我想应该是写一个人将自己的理想写在风筝上，然后去放飞风筝，预示着放飞理想。

生：肯定是一个与风筝和理想有关的故事。

师：谁的理想呢？

生：放风筝的人，也就是"我"。

师：知道苏叔阳是谁吗？

生：就是写《中国读本》的作家，我们读过这本书。

师：苏叔阳写过一篇文章，大家应该已经预习过了，题目就是"理想的风筝"。他在这篇文章里写的是谁的故事，谁的理想呢？大家再读一读文章，等一会儿我们一起来交流。

2. 承："红线凌空去，青云有路通"

师：《理想的风筝》写了什么内容呢？

生：写了苏叔阳回忆腿有残疾的历史老师刘老师积极乐观，在操场上亲手放飞风筝的故事。

师：谁的故事？谁的理想？

生：刘老师和"我"的故事。

生：刘老师的故事，刘老师的理想。

生：不对，是刘老师和"我们"的故事。

师：嘀，一下子有了三种不同的观点：刘老师的故事，刘老师和"我"的故事，刘老师和"我们"的故事。到底是写了谁的故事呢？看来还得认真地思考思考，做出有理有据的判断。大家可以再想一想，也可以和身边的同学议一议，要运用证据来支持自己的观点。

（学生思考、讨论。）

生：我认为文章写的是刘老师和"我"的故事。文中有这样一句话："后来，我考入了历史学系，和刘老师的影响有极大的关系。""极大"一词可以证明讲的是刘老师和"我"的故事。

生：我可以反驳他的观点。虽然这段话中有这么一句话，但是这一段主要讲的是刘老师怎样给大家讲课。刘老师是为"我们"讲课，而不是只为"我"讲课。还有刘老师谈腿疾也是对"我们"谈的。所以还是刘老师和"我们"的故事。

生：我认为文章写的是刘老师的故事。文中写了三件事，一是刘老师乐观地幽默地谈他的腿疾，二是刘老师讲历史课，三是刘老师放飞风筝。这些事情都是在表现刘老师的，而"我们"只是陪衬。

师：我明白你的意思了，文中刘老师是主角，"我"以及"我们"，都是配角。

生：对。

生：我也认为讲的是刘老师的故事。先来看看"刘老师和'我'的故事"这个看法，"后来，我考入了历史学系，和刘老师的影响有极大的关系"并不是文章的一个具体故事，故事是刘老师讲历史课，所以这个看法不对。再看第二个看法，认为刘老师是和"我们"谈自己的腿疾，就是讲了刘老师和"我们"的故事，这也不对，这还是在讲刘老师。

生：我也觉得是在讲刘老师的故事。无论是刘老师谈腿疾、讲历史课、还在操场上放风筝，同学们都是刘老师精神的见证者。

师：主角是刘老师，这点大家有异议吗？

生：有。我们来看看刘老师讲历史课的那部分。刘老师讲课是为同学们讲的，所以说刘老师是配角，同学们才是主角。

师：学生才是课堂的主人。（大家笑）

生：这里更多的细节都是写刘老师的。

师：注意啊，她提到了"细节"。

生："微仰着头，眯起眼睛，细细地听，仿佛在品味一首美妙的乐曲……"这些都是写刘老师的细节，不是写同学们的细节啊。

生：还有呢。文章的题目是"理想的风筝"，那我们就可以抓住"风筝"来看一看，也就是写放风筝的事情，制作风筝的是刘老师，放风筝的也是刘老师，刘老师肯定是主角。

师：讨论了这么多，主角到底是谁？

生：（齐）刘老师。

师：这个观点一致了。但是，回到我们最初的问题——文章讲的到底是刘老师的故事，刘老师和"我"的故事，还是刘老师和"我们"的故事？

生：（齐）刘老师的故事。

生：老师，我不同意。肯定是刘老师和"我"的故事。我的体会是：刘老师放飞风筝，也放飞了自己的理想和追求；同时，刘老师的热情和乐观，也激励了"我"，让"我"放飞了远大的理想。

师：现在问题越来越明朗了，刘老师是谁的刘老师？

生：是"我们"的刘老师。

师：这篇文章的作者是苏叔阳，苏叔阳写了刘老师，那么，刘老师是"我们"的刘老师，更是——

生：苏叔阳的刘老师。

师：苏叔阳应该还有李老师、张老师、王老师……为什么他单单写了刘老师呢？

生：因为题目是"理想的风筝"，事情应该围绕风筝来写的，而放风筝的就是刘老师，所以他就写了刘老师。

师：关键在于刘老师会放风筝，所以才写的刘老师。是这样吗？

生：我觉得不是的。文中这一段话很重要："这情景使我深深感动……"

师：大家注意到没有，他读的时候特别强调了两个字——

生：（齐）"使我"。

生："这情景使我深深感动。一个年过五十身有残疾的老师，对生活有着那样纯朴、强烈的爱与追求，一个活泼泼的少年又该怎样呢？"这段话强调的是刘老师对作者自己的影响，而不是对大家的影响。

生：我补充一下。"后来，我考入了历史学系，和刘老师的影响有极大的关系。"这句话也告诉了我们作者为什么要写刘老师。

师：简单一句话，刘老师对"我"来说——

生：影响很大。

师：文章的主角是刘老师，但如果要问讲的是谁的故事，却应该说成是——

生：刘老师和"我"的故事。

师：是啊，正如我们以前讨论过的，无论你是以第三人称，还是第二人称，或者第一人称来写故事，只要是"我"写出来的，都可以说是自己的故事。而这篇文章，"我"一直陪着刘老师在场，更可以肯定讲的是刘老师和"我"的故事了。

3．转："江北江南低鹞齐，线长线短回高低"

师：课文题目是"理想的风筝"，文章中写的是刘老师放飞风筝，放飞理想，同时刘老师也放飞了"我"的理想，所以才有了苏叔阳后来取得巨大成就的人生路，甚至也可以说是因为有了刘老师，我们才有幸读到了苏叔阳的《中国读本》。接下来我们再来看看另外几篇与风筝有关的故事。它们是——

生：朱成玉的《风筝的心》、鲁迅的《风筝》、王安忆的《风筝》。

师：课前同学们已经阅读了这三篇文章，完成了简单的阅读单，现在我们直接来交流交流。我们就按照阅读单上的两块内容来说一说，每篇文章主要讲了一个怎样的故事，作者表达的情感主题是什么。

生：我先说说《风筝的心》，这篇文章主要讲了作者在小巷里看见孩子们放风筝，但风筝飞不起来，然后作者做了一个风筝，带着孩子们到广场上一起放风筝。

师：为什么作者看见孩子们在小巷里放飞不了风筝，就自己制作一个，带着孩子到广场是去放呢？

生：因为小巷里没有风，风都被高楼大厦给挡住了，所以作者要带着孩子们去广场上放风筝。

师：仅此而已吗？

生：作者觉得孩子们的童年丢失了，他要带着孩子们去广场上放风筝，回味童年。现在的孩子们其实很少放风筝，童年都被电子游戏给占据了。

生：我觉得作者是通过放风筝回味童年，孩子们是寻找童年。

师：对孩子们来说为什么是寻找童年呢？

生：他们的童年缺失了很多东西，想放风筝却没有地方放，不能像作者童年的时候一样自由。

生：我写的就是朱成玉表达了对自己童年的怀念和对现实的不满。

师：有怀念，有不满。因为对现实不满，所以希望改变，所以自己制作了一只风筝，领着孩子们一起去广场上放飞。

师：说到这儿，你觉得自己的童年呢？

生：我的童年已经没有了，就这么过去了。

师：说到自己的童年，现在就有点伤感了。好吧，不聊这个了。接下来，你想说说鲁迅的《风筝》还是王安忆的《风筝》？

生：我来说说鲁迅的《风筝》。文章主要讲了小时候的作者觉得放风筝是没出息的事情，不让弟弟放风筝，还将弟弟的风筝踩掉了；后来长大了，已经到了中年的时候，作者懂得了游戏是儿童的天性，便对弟弟有了愧疚。

师：那么作者到底想通过这篇文章表达怎样的情感主题呢？

生：主要表达了作者对弟弟的愧疚。

生：我认为这只是浅层次的认识。更深层的主题还是关于童年，童年就应该玩耍、游戏，而他一开始的认识是错误的，认为游戏是没有出息的。

师：鲁迅的原话是怎样的呢？读出来。

生：（读）"但我是向来不爱放风筝的，不但不爱，并且嫌恶他，因为我以为这是没出息孩子所做的玩艺。"

师：后来又是怎么认识到自己错了呢？也读出来。

生：（读）"然而我的惩罚终于轮到了，在我们离别得很久之后，我已经是中年。我不幸偶而看了一本外国的讲论儿童的书，才知道游戏是儿童最正当的行为，玩具是儿童的天使。"

师：请将你发现的作者要表达的深层意义再说一遍。

生：鲁迅要表达的深层意义是，童年就是应该玩耍的，就是应该开开心心的，游戏是儿童的天性，不能看成是没有出息的事情。

生：可这也是在表达自己对弟弟的愧疚啊。

生：我觉得那是表面的，实质上是说童年的。

生：我也觉得是表达对弟弟的愧疚，文中后面几个自然段写得很明白了。例如："于是二十年来毫不忆及的幼小时候对于精神的虐杀的这一幕，忽地在眼前展开，而我的心也仿佛同时变了铅块，很重很重地堕下去了。""我还能希求什么呢？我的心只得沉重着。""堕下去""沉重着"都在强调对弟弟的愧疚。

师：用了文中这些具体的文字来证明自己的观点，应该很有说服力了。

生：我不这么看。文中还有这样的话："他惊异地笑着说，就像旁听着别人的故事一样。他什么也不记得了。"既然小兄弟都已经忘记了，那鲁迅何必要感到愧疚呢？

生：难道别人忘记了，你就可以不愧疚了吗？

生：我从文中看出来，作者愧疚的正是自己扼杀了小兄弟的童年天性。

师：你觉得作者写这篇文章的目的仅仅是因为自己扼杀了小兄弟的童年天性而向他表达愧疚吗？

生：我想不是，他还在告诉人们那种认为玩耍是没有出息的思想是老化的，是落后的。

师：是啊，在中国几千年的历史进程中，人们的眼中是没有儿童，没有童年的，儿童玩游戏都被大人认为是没有出息的行为。事实上，玩耍、游戏是儿童的天性。鲁迅就是要以自己和弟弟的故事告诉人们，要善待童年，善待儿童天性。以后你们会读到鲁迅更多的文章，就会发现，要读懂深层的意义，就要了解他这个人，了解他的思想。

师：还剩一篇——王安忆的《风筝》。先来说说写了什么内容。

生：讲的是母亲对我的管制和牵挂。我无论走到哪里，母亲的牵挂都会跟到哪里。

师：主题呢？

生：风筝或许永远是挣不断线的。

师：能说明白些吗？

生：父母总是牵挂着儿女。

师：也就是我们常说的，可怜——

生：可怜天下父母心。

师：这篇文章好像与前面三篇不一样哦。前面三篇题目里有"风筝"，文章中也的确有风筝，可是这篇文章里没有真正的风筝啊。

生：运用了比喻的写法，将我们比喻成风筝，将父母的爱、父母的关心比喻成风筝线，牢牢地牵挂着我们。

4. 合："窗外忽传鹦鹉语，风筝吹落屋檐西"

师：刚才我们学习交流了四篇文章，分别是苏叔阳的《理想的风筝》、朱成玉的《风筝的心》、鲁迅的《风筝》、王安忆的《风筝》。四篇文章，题目里都有风筝，对比一下，你有怎样的发现呢？

（学生思考、讨论。）

生：它们题目里都有"风筝"。

生：都是以风筝为线索来写的。

生：每篇文章中的风筝都具有特殊的意义，比如说《理想的风筝》中的风筝就象征着理想。

师：另外几篇呢？

生：朱成玉的《风筝的心》中，风筝象征的是童年，是童年的自由和快乐；鲁迅的《风筝》中指的是儿童天性，也就是儿童是需要玩耍、需要游戏的。

生：王安忆的《风筝》中风筝象征着牵挂，父母对孩子的牵挂。

师：很棒，你们发现了相同点，尤其是发现了风筝积极、美好的象征意义。

生：我发现了它们的不同点。它们写的故事不同，作者思考的角度也不同。

师：为什么会出现不同的思考角度？

师：我们再回忆一下，一开始我们谈论自己以"风筝"为题写故事，每个人的故事一样吗？为什么？

生：不一样，因为不是一个人。（大家笑）

生：我觉得是因为每个人的经历不一样。

师：经历不一样，所以思考问题的角度不一样，写出的故事不一样，表达的主题也不一样。我们曾经谈论过，当我们拿起笔来写故事，写出来的都是——

生：自己的故事。

师：我们每个人讲出来的故事都是自己的故事。正如现在，你们每个人桌上都有一盆自己养的花，或者含苞待放，或者已经怒放，或者只有翠色如流的绿叶……每盆花也都有自己的故事。因为花是你自己养的，每盆花的故事也是你自己的故事。正如一句话说得好，一花——

生：一世界。

师：风筝的故事讲完了，接下来的一个月我们将要一起学习的课程就是——

生：一花一世界。

四、教后反思

正在课堂上与孩子们一起展开"风筝的故事"的阅读对话，教室后面悄悄地进来几十位老师，都是从全国各地来学校参观学习的。他们或站或坐，感受着孩子们和我的课堂生活，脸上写满了赞赏。我知道，这是因为孩子们的表现很精彩。而这，正是我最朴素也最执著的教学追求。

孩子们的精彩表现在哪儿呢？

第一，学生的精彩表现在言语逻辑思维的呈现上。语文课堂一定是一个充满发现的、发展学生言语思维的开放营地。在这个营地里，学生以真正的主体身份经历发现与体验、分享与交流、整合与应用的学习过程，以实现自主发现、探索学习、自我超越、认知整合等核心价值，促进言语思维的发展。学习《理想的风筝》时，引导学生跳出理解文本内容本身的惯性思维，以文本为凭借，聚焦"谁的故事，谁的理想"这样的探究性话题，让学生读书思考，自主发现，切身体验。在分享与交流的过程中，学生不仅呈现观点，更是主动在文本看似零碎的信息中间找到联系，作为依据支撑自己的观点。这就是言语逻辑思维的运用，是语言文字运用能力的显性体现。同样，从单一文本到"全生活"理念下母语课程的学习，也注重学生的自主发现，从故事内容和主题的同与不同当中发现更深层次的生命表达的一般规律。

第二，学生的精彩表现在对比阅读策略的运用上。如何在不同文本的阅读过程中建立起联系，是阅读教学的价值取向之一。对比阅读是在文本间建立联系的一种阅读策略。对比的具体目的有很多，具体表达方法与效果的对比、不同文体表达特色的对比、主题的对比等等，都可以作为课程目标的选项。"风筝的故事"的阅读要引导学生运用对比阅读策略，进行探索学习，通过故事的"同与不同"的话题探究，实现认知的整合，懂得为什么围绕同一个线索会有不同的故事呈现在读者面前。看似一个无需思考也能明白的问题，是否经历这样一个发现的过程是不一样的，这样的发现和体验的过程还在启发学生，表达其实就是在讲自己的故事，每个人都可以讲出与众不同的故事来。在这一具体问题的认知整合过程中，学生的批判性思维很自然地得到了发展。

第三，学生的精彩表现在始终保持活跃的思维状态上。为什么能始终保持活跃的思维状态呢？其一，"风筝的故事"是以具体的、与学生的认知需要契合的话题为载体展开的母语学习活动。"风筝"是学生熟悉的、喜爱的事物，学生也有属于自己的"风筝的故事"，而自己的故事与阅读文本中的故事在主题上的鲜明差异，造成了"陌生化"的认知冲突，这种冲突恰好是思维的触发器。其二，整个学习流程的设计以话题为线索，形成一个起承转合的叙事结构，课堂的进程也是在演绎一个属于学生的母语学习课堂故事。

回归生活，体验语言文字之美

——《桂林山水》教学实录与评析

一、课程介绍

这是"跟着美景去旅行"母语主题课程中的一节课。这一课程的设计思路是，运用地图和学生的旅行经历创设母语学习的"特设境遇"。提供给学生十篇描写自然景观的文章（来自各版本的教材），先让学生在地图上找到并标出这些景观所在位置，同时标出自己旅游欣赏过的自然景观的位置和名称，然后再展开具体的学习活动。

二、课堂实录

1. 回顾内容，梳理结构

师：这两天时间里，大家通读了十篇描写或介绍全国各地自然景观的文章，还从地图上了解了这些景观在什么地方。现在，我们来做一个简单的测试。

师：不要打开文章，直接给出答案。请问，《趵突泉的欣赏》一共有几个自然段？

生：这，这……不知道。

师：《可爱的草塘》有几个自然段？

生：不知道。

师：《七月的天山》呢？

生：记不起来了。

师：《桂林山水》呢？

生：记得，五个自然段。

师：还记得每个自然段写了什么内容吗？

生：第一自然段讲了桂林山水天下第一，第二、三、四自然段分别写了桂林的水、山、洞，最后一个自然段写桂林山水美如画。

师：同样是只通读了一两遍，为什么你们记不住其他文章有几个自然段，而《桂林山水》不仅记住了有几个自然段，还记住了每个自然段写了什么呢？

生：因为这篇文章结构简单清晰，是总分总的结构。

师：看来简单清晰的结构，能够给读者留下清晰的印象。请大家拿起笔，画出《桂林山水》的内容结构图。

（学生画文章内容结构图，展示。）

师：能从印象中找出这十篇文章中还有哪一篇的内容结构与《桂林山水》相似吗？

生：应该是《美丽的小兴安岭》，也是按照总分总的结构写的，中间部分分别写了小兴安岭春、夏、秋、冬的景象。

【点评：通常，梳理文章的内容结构，都是从文章整体入手，概括主要内容，分析写作顺序，再理清文章的结构特点。李老师却运用最感性的方式，通过"测试"，让学生在对不同文章第一印象的比较中发现《桂林山水》的结构特点。这样做的好处是，学生不仅仅把握了这一篇文章的结构特点，还发现了不同的结构特点带来的不同表达效果，为以后的阅读理解和表达建立了新的认知基础。（陈淑之）】

2.读文赏景，感悟表达

师：桂林山水甲天下，作者凭什么这么说呢？我们一起到作者的文字中去看一看，桂林山水到底美在哪里。大家边读边批注自己的理解和感悟，等会儿我们一起分享。

（学生自读批注，教师了解情况并个别指导。）

师：我发现大家的批注都非常细腻，说明真的对这篇文章的描写很感兴趣。下面我们请一位同学展示自己的批注，我们一起来欣赏。

生：第一自然段我们就不讲了，作者就是想通过"桂林山水甲天下，阳朔山水甲桂林"来引起我们的阅读兴趣。第二自然段我是这样批注的：运用对比的写法，突出漓江的水与众不同；再运用排比的句式，具体写出了漓江的水静、清、绿的特点。

师：说得非常明白。刚才我看了很多同学的批注，发现大家都能很快明白文章具体的写法特点。

生：都用了对比的写法，还有排比句。

生：第二、三自然段有排比句，第四自然段没有，但都用了对比。

师：为什么用对比的写法，又为什么用排比的句式呢？

生：对比可以突出景物的与众不同，排比在这里将景物的具体特点有条理地写了出来，读起来还觉得美。

师：看来大家都能准确地分析文章的写法特点。能说，值得点赞；如果你能将文章的写法特点以及桂林的水、山、洞的特点用朗读表现出来，那就算得上了不起了。

（生选择第二、三、四自然段中的一个自然段练习朗读，再展示朗读，围绕是否读出写法和漓江的特点进行评价。）

师：大家对同学的朗读都不太满意，又不知道怎么读出作者写法的特点来。老师想找位同学合作一下。我读第二自然段第一句，你接着读剩下的内容。

师：（读）"我看见过波澜壮阔的大海，欣赏过水平如镜的西湖，却从没有看见过漓江这样的水。"

生：（读）"漓江的水真静啊，静得让你感觉不到它在流动；漓江的水真清啊，清得可以看见江底的沙石；漓江的水真绿呀，绿得仿佛那是一块无瑕的翡翠。船桨激起的微波扩散出一道道水纹，才让你感觉到船在前进，岸在后移。"

生：我会了。老师朗读时突出了"漓江"，与"大海"和"西湖"形成了对比，又强调了"这样"，提醒后面读出漓江的特点来。

师：这就是读出了自己对文章的理解。后面两个自然段会读了吗？

（学生展示读第三、四自然段。）

师：再说一说，从作者写桂林的水、山、洞来看，对比的写法、排比的句式有什么好处？

生：对比的写法，突出了要写的事物；排比的句式，写出了景物的多个特点，而且显得整齐，读起来有节奏感。

师：如果给这篇文章配上图画，几乎每一句都能配上一幅图。我们来欣赏一下同学们课前为这篇文章配的图。（注：通读十篇文章时，布置学生选择其中一篇文章或者片段，为其配上图片。）

（欣赏学生的配图，根据配图朗读相关句段。）

【点评：从批注到朗读再到配图欣赏，环环相扣，层层递进，将文本语言内化于学生心中，也使具体的表达方法变得活泼生动。这个环节，将感性学习和理性学习融为一体，体现了形象思维和言语逻辑思维在语言文字运用学习中相互促进的价值。同时我们看到，每一项活动都以学生不同的实践为基础，又在丰富的实践中落实，教师始终致力于当好组织和陪伴的角色，将学习过程真正还给了学生。（陈淑之）】

3. 学以致用，迁移练笔

师：既然对比的写法和排比的句式可以让读者很清晰地了解景物的特点，那么，如果我们是作者，要向读者介绍自己熟悉的一处景物，也可以学习运用这种方法。

师：请大家拿出准备好的景物照片，告诉旁边的同学，这是你去哪里照的。

（学生互相介绍。）

师：现在，请从照片上选择最想向别人介绍的一种景物，再提炼出它至少三个特点，写出关键词。

生：我去的是香港，这是香港的一条街道，它的特点是干净、热闹、有序。

生：这是百里峡的瀑布，它的特点是快、清、脆。

……

师：拿起笔，用上对比的写法和排比的句式，用文字将景物的特点展现在读者面前。

（学生练笔、分享、展示。）

生：我看见过清新淡雅的梨树，欣赏过芬芳的菊花，却从没见过公园里这样的碧桃。公园里的碧桃花开得真密啊，密得都看不到花与花之间的空隙；公园里的碧桃枝条真细啊，细得仿佛撑不起盛开的花朵；公园里的碧桃枝杈真错杂啊，一枝挡着一枝，都不知道从哪里看起。

生：老师，我要写的是百里峡的瀑布，可是我真的没有看过别的瀑布，所以就没有用对比的写法，行吗？

师：真实，真诚，当然可以。

生：百里峡有一条瀑布，真是太美了，来到瀑布脚下，就像到了远古童话世界。瀑布流得真快啊，让你仿佛看不出它在流动；瀑布流下的水真清啊，清得可以看清水底石头的纹路；瀑布发出的声音真脆啊，脆得就像百灵鸟在欢唱。

生：我攀登过高耸入云的泰山，游玩过道路曲折的香山，却从没有看见过凤凰岭这样的山。凤凰岭的山真险啊，山上的很多石头悬空着，就像马上会掉下来似的；凤凰岭的山真奇啊，像恐龙，像利剑，奇峰罗列，形态万千；凤凰岭的山真绿啊，树木郁郁葱葱，像给山披上了翡翠的外衣。

……

师：看来，掌握具体的写法真好，以前很多同学不知道怎样将一处景物介绍给大家，今天《桂林山水》这篇文章教给了我们一个好方法。我们要感谢作者陈淼，也要感谢自己会学习。当然，写景的方法还有很多，我们在另外九篇文章中还会学到新的方法，到时候我们就可以根据不同景物的特点和自己的想法自由选择写法了。

【点评：如何将从文本中悟出的表达方法转化为学生的语言文字运用能力，模仿练笔是常用的方法。李老师不仅停留在模仿迁移上，而是让学生将具体的表达方法运用与自己的经验、生活建立联系，让表达方法

成为生活表达的需要。(陈淑之)】

4. 对比阅读，形成观点

师：大家现在拿到手的是改编过的文章，对照我们刚刚学习的原文，你有什么发现？

生：我发现它比原文少了一个自然段，开头和结尾也有些不同。

师：少了哪个自然段？

生：少了写桂林的洞的第四自然段。

师：你能想明白选入课本中改编过的文章为什么会少了写洞的这个自然段吗？

生：我觉得因为题目是"桂林山水"，所以就将写洞的删掉了。

师：对照题目找理由，好像很有道理。但是，你觉得作者陈淼写洞的时候忘了自己文章的题目是"桂林山水"吗？题目里的"山水"是不是指的就是"山"和"水"呢？

生：应该不是，"山水"指的是那个地方的各种景物。

师：理解得真好！那么，删掉写洞的理由有可能是什么？能不能从我们前面学习的内容中找到原因？

生：我觉得是因为第四自然段的写法与第二、三自然段有些不同，它没有运用排比句。

生：这个理由很有道理。

师：如果真是这样，你更喜欢改编过的文章还是陈淼的原文呢？

生：我更喜欢原文，因为原文还让我看到了桂林的洞，使我更想去桂林旅游。

师：这个喜欢的理由实在！不写洞，说不定很多人就没有去旅游的愿望了。如果是给桂林旅游做广告，看来还是原文得分更高。

生：我也更喜欢原文，我还有别的理由。刚才不是说写洞的内容没有用排比句，才被删掉的嘛，我觉得没用排比句更不应该删掉，这样才有变化，不然就没意思了。

师：写法不能单调，有变化才更有吸引力。这个观点我支持，下次你要写一篇写景文，一定会用上不同的写法，为我们展现出变化的美。

师：有没有喜欢改编文的？

生：没有。

生：有，它很短，一下就读完了。

（大家笑起来……）

【点评：初看这一对比环节，觉得与我们一再强调的"语言学习"没有多大关系，细细品味，才发现这样的比较和思考，既有趣味，又有深度。好的文字应该是怎样的，没有统一的标准。学生喜欢一种写法，有深思熟虑后的理由，这就是有理有据，就是在建构自己的认知和观点。（陈淑之）】

附总评：

李老师提倡建构"为儿童全生活着想"的母语课程，这节课是体现这一母语教育理念的一次课堂实践。

李老师不仅仅是在和孩子们学习《桂林山水》这一篇文章，他是将这篇文章放在一个大的学习背景里展开学习活动的。他将十篇描写中国不同地方美景的文章组织起来，构建了"跟着美景去旅行"的课程，将学习写景文与旅行联系起来，为学生创设了特定的学习"境遇"，激发了积极的学习心理状态。同时，这些文章在语言文字运用学习上，很自然地为学生提供了更加丰富的材料，它们可以用来相互比较、印证、补充。例如理解《桂林山水》的内容结构，运用"测试"的方法，让学生在直观的对比中关注文章的结构特点和它的表达效果。

语言文字运用的学习，需要让学生通过不同的方式从文本中走个来回，还要回归生活，深入而浅出。这节课中体会并习得对比的写法、排比的句式，显得既灵动，又扎实到位。灵动体现在学生与文本对话的方式多样，扎实体现在层次清楚，且始终把"学"放在第一位。学生批注，教师将思考和时间还给学生，细致了解学生的自主学习成果，为后面的课堂活动做铺垫；语言文字需要分析，更需要涵泳，用朗读的方式来表现写法和景物的特点，还原了语言本真的生命状态；模仿练笔，避免为练笔而练笔，与学生的生活建立密切联系，让学生在实践中感受到语言文字运用是生活的需要，是创造美的需要。这些学习活动，让学生欣赏了桂林山水的美，感受了语言文字的美，也让学生体验了母语学习给生活带来的美。

最有意思的是，李老师在课堂上设置了一个将原文和改编文对比的活动，这也是创设学习"境遇"的一种方式。显然，这一对比不仅仅是从内容表面上发现原文和改编文的区别，而且引导学生在对比中形成自己的观点，发展的是学生的批判性思维。很多版本的教材对作者的原文进行改编，目的是服务于语言文字学习的具体目标，这是积极的改编意图。但是，有时改编难免会一厢情愿，低估了学生的语言理解和审美能力。学生喜欢原文，不仅仅是因为原文写了桂林的洞，还指出写法有统一也有变化才是一篇好文章。这一观点的形成，既源自学生已有的能力基础，也离不开教师创设的这一对比学习活动。（陈淑之）

我用文字带你赏风景

——"跟着美景去旅行"主题课程之习作指导教学实录与评析

一、课程说明

"跟着美景去旅行"母语主题课程的第一个板块，选择十篇描写自然景观的文章展开整合性学习活动，将在地图上标出每个景点的位置、尝试制订假期旅行计划、探索旅行的意义等活动融入到母语学习之中，为阅读和习作创设了丰富的生活"境遇"，使学生的学习与生活建立了密切的联系。下面的课例展示的是阅读十篇文章后的课堂习作指导。

二、课堂实录

1.聊聊相遇过的美景

师：这段时间里，我们跟着一篇篇描写或介绍自然景观的美文，欣赏了一处处各有特色的美景。读着这些文章，是不是让你想起了曾经欣赏过的自然美景？拿起笔来，将你去过的地方一一写下来。

生：我去过很多地方，有坝上草原、北戴河、东戴河、西戴河、十渡。

生：我去过黄山、内蒙古草原、大连海边、香山。

生：我去过北戴河、香山，还去过长白山、乌镇。

师：乌镇是江南水乡，你欣赏到了哪些引人瞩目的自然景观？

生：有一个湖。

师：我也去过乌镇，印象里有一条河，正所谓"小桥流水""枕河而居"。

生：是穿镇而过的小河，不是湖。

生：乌镇的人文景观也很美，有茅盾故居、木心美术馆，还有乌镇戏剧节。

【点评：从阅读十篇描写自然景观的文章入手，引导学生激活生活积累，写下曾经去过的印象深刻的"旅游目的地"。从湖到河的引导，可见教师无痕点拨的功力。（徐如松）】

师：去过的这些地方，你最想推荐大家去欣赏的是哪里？用一段话写出推荐理由。

生：我要推荐大家去十渡。十渡的山很奇，水很清，还可以漂流。

生：我要推荐大家去百里峡。百里峡的溪流、瀑布清澈，就像是一条条丝绸，去了你就觉得不可思议。

生：我要推荐大家去黄山。黄山到处云雾缭绕，山上的石头奇形怪状，在山顶上还可以看到奇异的日落景象。上了黄山就像到了仙境一样。

……

【点评：从说到写，引导学生聚焦自己心目中的"最美之地"，写出"推荐词"。从三名学生的发言看，不仅写出了景物的特点，而且写出了观赏者的感觉，情景交融，关涉了写景文章的堂奥。（徐如松）】

2. 议议美景故事的写法

（1）文字比图像更有魅力。

师：要向别人推荐一处美景，有多种方式，比如照片、视频、文章。如果让你选择，会运用哪种方式？

生：我会选择文章，不会选择视频。

师：为什么呢？

生：因为很多视频都是处理过的，不真实。

师：有这种可能。视频上呈现的景象，有些是航拍的，换个视角确实很美，可惜我们没办法飞到空中。

生：照片也不是最好的方式，图为很多照片都是修过的。我也选择用文章来推荐，可以写得细腻，让人产生身临其境的感觉，激发读者也想去看看的冲动。

师：对啊，就像我们刚刚一起阅读的十篇文章一样，每篇文章都激起了我们对所绘美景产生心向往之的情感。我的爱人和孩子都去过桂林，可我还没去过，所以特别想去看看，我特别想去印证一下桂林的景，有没有《桂林山水》中写得那么美如画。

【点评：尽管现在处于"读图时代"，但语文教学必须在语言文字上着力。优秀文本的魅力在于细节描写的真实和恰如其分的"留白"，既能使人产生身临其境之感，又能引发读者无限的想象。李老师深谙"文字比图像更具魅力"三昧，聚焦文字，聚焦语言，链接生活，激发兴趣。（徐如松）】

（2）描写美景的方法有很多。

师：如果让你写一篇文章来告诉大家你眼中的一处美景，动笔之前你有哪些困惑？

生：我不知道怎样把景物的美写出来。

生：抓住景物的特点来写啊！

生：怎么抓特点呢？

师：还记得我们学习《桂林山水》时，练习写一写自己欣赏过的景物吗？先确定自己要写的景物，再——

生：再提炼它的特点。

师：能吸引你的景物，你肯定会用心观察欣赏，发现它与众不同的特点，把它们一一记下来。

师：接下来的问题是，用什么方法写出景物的特点？我们读过的十篇文章能给我们什么启发呢？

生：《桂林山水》中用了对比的方法和排比的句式。

师：这种方法我们练习过，你来读一读自己仿照这种写法写的片段。

生：我攀登过高耸入云的泰山，游玩过道路曲折的香山，却从没有看见过凤凰岭这样的山。凤凰岭的山真险啊，山上的很多石头悬空着，就像马上会掉下来似的；凤凰岭的山真奇啊，像恐龙，像利剑，奇峰罗列，形态万千；凤凰岭的山真绿啊，树木郁郁葱葱，像给山披上了翡翠的外衣。

师：还有哪些方法？

生：《趵突泉的欣赏》中也有排比，还有比喻，如写小泉的那一段："有的象大鱼吐水，极轻快的上来一串小泡；有的象一串明珠，走到中途又歪下去，真象一串珍珠在水里斜放着；有的半天才上来一个泡，大，扁一点，慢慢的，有姿态的，摇动上来……"

师：对，很多文章都会用上合适的比喻或拟人等手法来写出景物的特点，这需要我们善于联系。

生：还有《记金华的双龙洞》中写空隙的小，通过船来写。

师：嗯，这就是侧面描写。

生：还写了他自己是怎么过去的。

师：这是通过自己与景物之间的故事来表现景物的特点。例如写又高又险，就可以写一写自己上去后看到的和想到的。

师：我们要用文字把一处景描绘出来，大多是因为那处景特别美。看到了美之景，心中就生出了爱之情。

生：触景生情。

师：总结得棒！有些作者在描绘景美的同时，还忍不住要将自己当时的感受和心情写出来。

生：老舍的《草原》第一自然段就是这样。

师：这种写法叫作——

生：情景交融。

师：我找位同学合作，再次通过朗读感受一下情景交融的写法怎样将读者带到草原。你读直接描写景物的内容，我读感受。（师生合作朗读）

师：课前你们也学习这种写法写了一段话，谁来展示一下？

生：这次，我看到了百里峡。那里的山比别处的山更雄伟，空气是那么清鲜，天空是那么清爽，使我总想呐喊一声，表示我满心的喜悦。

在山腰，一条条小溪，一条条瀑布，似银河泄到人间。小溪、瀑布是那么清澈，就像纺织出来的丝绸，给山峦戴上了一条条舒适而漂亮的丝巾。这种境界，既使人惊叹，又叫人舒服；在这境界里，连鸟儿的鸣叫，树叶的沙沙声，风的呼呼声，溪流的淙淙声，都像为百里峡演奏一支支优美的曲子。

生：这次，我看到了长白山。那里的山特别高，放眼望去，好像一座座马上就要爆发的火山。这使我总想大喊一声，表达我对长白山的火热之情。

师：我忍不住要打断一下。把山的样子联想成要爆发的火山，再写要表达的是火热之情，景和情联系得真自然！

生：走过一千四百多级台阶，我们到达了山顶，第一眼就看到了那巨大的天池，足有六个足球场那么大，清澈的池水在阳光下波光粼粼，跳跃着无数亮晶晶的鳞片。这种境界，既让人惊叹，又叫人舒服。

生：这次，我看到了草原。那里的鸟儿比别处的更多，天上的白云是那么的大，天空是明朗的，使我总想飞上天去和它们亲密接触，表示我对它们的喜爱。草原的边缘都有高山，草原是绿的，高山也是绿的。隐约能看到一些人在山上，我离山还很远，那些人就像好多小点点儿。我惊奇地发现，大部分山是连在一起的，只有少数的山兀自立在那里，这就像几个好朋友在一起手牵手，另几个闹了别扭的，只能在旁边看着。在这种境界里，我真想捧着一本书躺在草原上，开始静静地阅读。

师：看来，大家通过这十篇文章的阅读，不仅欣赏了各种不同的自然景观，还真真切切地学到了描写美景的不同方法，果然是办法总比困难多。

【评析：在具体的写作阶段，"怎么写"比"写什么"更重要。李老师领着学生学习描写美景的常用方法：从单纯的对比、排比、比喻、拟人，到由此及彼的侧面描写，再到情景交融，可谓步步为营，扎扎实实。从三名学生的先后汇报中，我们欣喜地看到学生的仿写走出了亦步亦趋的泥潭，不仅仿其形，更是悟到神，体会到了情由景生的秘妙，从而学

会了情景交融的艺术。(徐如松)】

(3) 下笔前要有总体构思。

师：怎样将看到的景观特点写出来，我们掌握了很多方法。交流到这儿，是不是已经有很多人确定了要写哪儿的美景？

生：已经确定好了。

师：确定好了要写的自然景观，景观的特点也就基本清楚了，那么有没有想好整篇文章怎么写呢？是写成《桂林山水》那样总分总结构的"导游词"，还是写成《记金华的双龙洞》那样移步换景的"观赏记"？是写成《九寨沟》那样用数据说话的"说明文"，还是《可爱的草塘》那样既讲故事又绘美景的"情景美文"？大家想一想，再说一说。

生：我采用《桂林山水》总分总的结构写，因为我觉得这种写法不仅清楚，而且有把握。

生：我想写一篇《记金华的双龙洞》式的游记。

生：说明文我写不了。

师：为什么？

生：因为我游览的时候，没有关注和收集足够的数据与资料，以后我会关注的。

师：想得真周到，写说明文确实要掌握具体的数据，要有很多确切的资料，那样写出来的文章才是负责任的。

生：我的想法是用游记的方式来写，但把《桂林山水》总分总的写法也用进来，写其中某处具体的景物。

师：有模仿更有创造，这就是真正的学以致用，活学活用。

生：我可不可以既用上对比的写法、排比的句式来写景物特点，又用上情景交融的写法？

师：当然可以，这就是我们同时阅读十篇美文的收获啊！人家用一种写法，我们可以在一篇文章里用上多种写法，我们完全可以超越作家。

【点评：写作教学是先关注局部细节，还是先整体把握行文结构？李老师的实践给了我们有益的启发：细节决定精彩，结构关乎成败。从模仿一篇文章的单一结构，到整合多篇文章的复合结构，创造属于自己的"布局谋篇之法"，这正是传承与创新语文教学所追求的理想目标。（徐如松）】

师：接下来的一节课，我们就拿起笔，写下我们的美景故事，用我们的文字带着大家去欣赏不同的自然景观。我建议大家先画好内容结构图或游览路线图，这样写作思路可能会更加清晰。

生：我可以不画，直接动笔写吗？

师：如果你的心中已经有了清晰的构思，那是完全可以的。

附总评：

特级教师李竹平构建"为儿童全生活着想"的母语课程体系，坚守儿童立场，倡导生活语文，着力打破学科壁垒，《我用文字带你赏风景》一课就是他开发的"跟着美景去旅行"主题课程下习作指导教学的有益探索。

（1）坚守学生立场。一节好课的基本标准是"以生为本、学为中心"，也就是课堂要以学生的发展为本，倡导"教师站在学生的后面"。李老师在这节课中自觉践行了这个理念，比如"聊聊相遇过的美景"环节，一生说"有一个湖"，李老师巧妙点拨"我也去过乌镇，印象里有一条河，正所谓'小桥流水''枕河而居'"，学生听后即刻修正了自己的记忆，而且发展了语言表达："是穿镇而过的小河，不是湖。""穿镇而过""是……，不是……"的表达多么的简洁、通畅。试想一下，李老师如果打断学生诘问"乌镇有湖吗"，结果又会怎样？

（2）链接学生生活。"我用文字带你赏风景"，说到底是要求学生先自主确定好"风景"。选择的过程就是强化回忆、回到现场、深化认识、激发情感的过程，从选材角度看，就是与生活无缝对接，在现场与当下"走几个来回"。就习作教学来说，生活不仅是回到现场的"选材"，还包括选取"描写美景的多种方法"，学习生活应是学生的"主生活"，引导学生将已经学过的写景方法表达出来，甚至将积累起来的美景片段诵读出来，应该成为学生生活的"主旋律"。李老师在课上引导学生链接了《桂林山水》《记金华的双龙洞》《趵突泉的欣赏》《草原》，以及《九寨沟》《可爱的草塘》等名篇佳作，从单一走向整合，体现了源于生活、高于生活的写作规律。

（3）打破学科壁垒。都说"语文教学的外延与生活的外延相等"，打破学科壁垒是构筑学生全生活的必然选择。语文是学习语言文字运用的综合性、实践性课程，在校内，语文要向数学、科学、音体美等学科开放，向综合实践活动靠拢，向外语教学借鉴，真正凸显"综合性、实践性"的特点；还要走出校园、走向社会，尽管本节课无法展现整合的板块，但"跟着美景去旅行"主题课程一定安排了这样的环节，远的由爸妈陪同，近的由教师带领，领略山川河流之美，感悟自然形胜之艳。（徐如松）

让时间留在心中

——《毛毛》共读交流课实录与评析

一、课程说明

在母语课程生活中，共读课程有两种形式：一种是与主题课程融为一体，作为主题课程的一部分，如前面提到的《三国演义》《射雕英雄传》的共读；另一种是根据学生成长的实际状态和需要，师生共同选择在某一个特定时期一起阅读的书籍，比如《毛毛》。学生们在五年级第一学期共读了《5 年级意见多》，开启了班级故事写作，到了下学期，大多数学生进入了前青春期，开始对"时间"有不同的认知和态度。这时候，我们选择了共读《毛毛》。

二、课堂实录

1. 提出心中的疑问

师：当我们用心阅读一本书，与书中的人物、文字倾心对话的时候，总会在心中产生一个又一个问题。有的问题随着阅读的深入，自己找到了满意的答案；有的问题可能合上书本，还萦绕心头，希望能有人一起探讨。现在，我们就来晒出自己读完《毛毛》后，特别希望与大家一起探讨的问题。

师：先给大家几分钟时间，同桌交流一下自己提出的问题，一起判断一下哪些问题不用再提出来思考讨论了，哪些问题值得提出来一起探讨。

师：现在，让我们一起晒出仍然萦绕心头的疑问吧。

生：有一个问题我还没有想明白，书中写到的城市里的人们，原本就是热爱工作的，为什么还会被灰先生骗去时间呢？

师：的确，弗西先生是热爱工作的，老贝波也是热爱工作的，尼诺同样热爱工作，为什么还会被灰先生骗去时间？你们都思考过这个问题吗？有没有人已经有了自己的答案？

生：没有思考过，需要再想想。

师：好，我们将这个问题记下来。接着提问。

生：大家为什么都愿意与毛毛做朋友？

生：我觉得是因为毛毛善于倾听，她用倾听帮助了身边的每一个人，所以大家都愿意与她做朋友。

生：我也觉得主要是因为毛毛善于倾听，故事的第一章、第二章写得很清楚。

师：那么，这个问题我们就不再讨论。

生：柔弱的毛毛为什么能够战胜强大的灰先生呢？这个问题我还没有梳理清楚。

生：因为她有很多朋友的帮助啊。

生：哪些朋友？

生：吉吉、老贝波、尼诺，还有乌龟卡西欧佩亚、掌控时间的侯拉师傅。

师：吉吉、老贝波、尼诺在毛毛与灰先生战斗时，帮助她了吗？

生：没有。

师：仅仅有侯拉师傅和卡西欧佩亚的帮助，毛毛就能战胜灰先生吗？

生：我觉得不一定，还有别的原因。

师：我们把这个问题也记下来。

生：到底什么是真正的珍惜时间呢？《毛毛》给我们的答案是什么？

生：这个问题好！书中应该有答案，但是我还没有认真思考过这个问题。

师：那我们把这个问题也记下来。还有问题吗？

生：其他问题我们在交流时都解答了。

生：我也没有新问题了。

师：那我们就带着这三个问题，再读书再思考，试着做出有理有据的回答。为了回答这三个问题，我们要不要再一章一章地将故事读一遍？

生：不用。先在脑子中回顾故事内容，整理信息，同时用跳读的方法从故事中找依据。

师：对，与问题有关的故事内容可以直接在大脑中搜寻、整理，因为我们对故事情节和事件都很熟悉了；需要引用的细节，一般都记得在哪一章里，用跳读的方法就可以很快找到。

（生带着问题再读书思考，教师准备学习单；发下学习单后，学生将想法整理在学习单上。）

2.分享自己的感悟

（师生一起带着《毛毛》和学习单，来到小操场上，沐浴着阳光，围坐在一起。）

师：阳光明媚，树叶绿了，花儿开了，在这样美妙的春光中聊《毛毛》，心情怎样？

生：美！

生：开心！

师：心情美，做什么都觉得美，那我们就开始美美地聊一聊《毛毛》，聊一聊我们共同关心的三个问题。

师：我读过米切尔·恩德的《毛毛》，还读过他的《永远讲不完的故事》，觉得他被称为德国最优秀的幻想文学作家，是有道理的。你们有没有注意到，《毛毛》这本书的封腰上写了什么？

生：与《格林童话》齐名，荣获德国青少年图书奖等12项国际大奖。译作达39种语言，是一部能同时感动孩子和大人的经典之作。

师：你们被感动了吗？

生：嗯，我被毛毛感动了。一个娇弱的小女孩，为了朋友，为了人类，那么勇敢地战胜了强大的灰先生。

师：是呀，娇弱的毛毛竟然打败了灰先生。这是为什么呢？佳睿提出了这个问题，你们有自己的答案了吗？

生：老师，我觉得有三个原因。一是她善于倾听，她用倾听赢得了朋友，帮助了朋友，也用倾听让灰先生惊慌失措，不知不觉说出了他们的秘密。这是在第七章写到的。二是她有朋友的帮助，侯拉师傅告诉了她时间的秘密，乌龟卡西欧佩亚帮助她一次次躲过了灰先生的追踪。三是她善良，又勇敢，她为了拯救被灰先生蛊惑的朋友们，拯救人类，克服了恐惧，拥有了坚定的信念，最终打败了灰先生。

生：娇弱的毛毛之所以能打败灰先生，一是因为她知道什么是珍惜时间，什么是浪费时间，她因此有了想要战胜灰先生的决心和希望；二是她有一颗勇敢无畏而又坚定执著的心，面对灰先生她不是恐惧的；三是有侯拉师傅和乌龟卡西欧佩亚的帮助，最终把灰先生打败。

……

师：是啊，善良、勇气、信念，还有朋友的帮助，正是这些凝聚起来的强大力量，让毛毛这个娇弱的小女孩最终打败了灰先生，解放了被灰先生骗去的时间花，帮助人们重新找回时间对于生命的意义。

师：记得在教室里提问题时，子茜提出的第一个问题就是关于时间的。子茜，你把问题再说一说。

生：城里的人们原本就是热爱工作的，为什么还会被灰先生骗去时间呢？

师：先说说从哪些地方可以看出城里的人们原本就热爱工作吧。

生：弗西先生喜欢自己的理发工作，也热爱生活；老贝波和吉吉也都热爱自己的工作；尼诺和他的妻子也是……

师：他们热爱工作，热爱生活，这就算过得比较幸福了。在这样幸福的生活状态下，为什么还会被灰先生骗了呢？的确是令人奇怪啊！

生：我们可以用弗西先生做例子。灰先生找弗西先生之前，就弄清了弗西先生的生活情况，见面时，又将他的所有信息都整理了一遍，将他"浪费"的所有时间做了精确计算，让弗西先生认为自己的确是在浪费时间。我认为，城市里的人们热爱工作，却没有关注时间的价值，才会被灰先生骗去时间。

师：用弗西先生做例子，这种思路是大家需要学习和掌握的。有例子，才能做到有理又有据。子茜提出了这个问题，我们听听子茜现在的想法。

生：我觉得城市里的人们热爱工作，但还是被灰先生骗去时间，原因是人们都追逐有钱的生活。人们看到那些被骗过的人越来越有钱，生活更富裕了，感觉自己很没面子，就开始不喜欢自己以前的工作状态，灰先生这时找他们，很容易让他们受骗。比如尼诺，原来很爱自己的工作，曾被灰先生骗过一次，是毛毛让他明白了不应该像灰先生说的那样工作，他还为自己做的事道过歉。可是，一段时间后，受骗的人越来越多，尼诺的店旁边盖起了很多新房子，那些房子的主人都很有钱。尼诺越来越觉得自己的生活不好，所以他后来就心甘情愿被灰先生骗去了时间。

生：灰先生的话，人们都觉得很有道理，他们愿意被灰先生控制；他们不知道的是，他们自己已经成了灰先生。

师：了不起的发现！为什么人们发现不了灰先生？原来他们自己就是灰先生！灰先生其实就是每个不愿意"浪费"时间的人。你们身边有这样的灰先生吗？

生：我爸爸就是这样的灰先生。我真的好想让爸爸妈妈也好好看看这本书，因为这本书很好地反映出现代社会的样子。比如我的爸爸，一年到头，老是出差，有时两个月回一次家，回家不到两周就又走了。在家的时间里，他也只是没完没了地写公文和玩手机，其他的很少干，而且也很健忘。几天前，我鞋子破了，他答应给我买一双新鞋。可是，清明节假期都结束了，也没去成。

生：我觉得我爸爸也是……

师：聊到这儿，自然要回答第三个问题了——什么才是真正的珍惜时间呢？

生：真正的珍惜时间，是做对自己有意义的事，不能没有目的地忙来忙去，不能只会工作，而不知道做些自己喜欢的事。

生：珍惜时间需要做有意义的事情，就是做让自己快乐也让别人快乐的事情。比如弗西先生，以前经常在工作之余，去看望达丽娅小姐，照顾自己的母亲，还养了一只鹦鹉。这是真正的珍惜时间。但灰先生一来，弗西就什么也不在乎了，只知道工作。这不是真正的珍惜时间。

生：第六章中说得很清楚，"时间就是生命，生命存于每个人的心中"。做让生命变得有意义的事才是真正的珍惜时间。《毛毛》告诉我们，生命的价值不仅仅体现在工作上，还有友情、亲情、爱情，还有读书，还有休闲……

师：有意思的是，米切尔·恩德写完这个故事后，就已经想到有些人心里会有许多问题要问。不过，他认为自己可能帮不了读者的忙。这些内容写在哪里呢？

生：在"作者简短附记"里。

师：的确如米切尔·恩德所说，我们这些读者在阅读中产生了很多问题。虽然米切尔·恩德说他可能帮不了我们的忙，但是，我们却从故事中得到了启发，对每一个问题都有了自己的想法。我们再来一起读一读"作者简短附记"，你又有怎样的疑问，又受到了怎样的启发呢？

（指名读"作者简短附记"。）

生：故事结束时，他们为什么都沉默了？

生：最后一句话说明作者自己写完这个故事，也还有很多问题没有想明白。

师：是啊，有很多问题留在了读者心中，也留在了作者自己心中，而答案，需要每个人自己去寻找。

……

3.读读作家的评论

师：好的作品总能引起很多读者的共鸣和思考，幻想文学作家彭懿写过一篇书评——《毛毛：人类的守护天使》，就在这本书的第236页。读过这篇书评吗？

生：读过。

生：没有读。

师：我们阅读一本书，要从多方面汲取营养，首先就是尽量不要放过书中的任何一个信息。每个人阅读一本书，都会有自己的疑问和思考，有机会的话，在有了自己的疑问和思考的基础上，与同样阅读过这本书的人讨论交流，就会相互启发，拥有新的思考和收获。我们现在花点时间，来一起读一读彭懿的这篇书评，看看你会有哪些新的收获。

师：我先来读前面的部分，你们像毛毛那样认真倾听，如果有想法特别想与大家交流，就举手。

（教师读彭懿的书评。）

生：（教师读完第四自然段）我从这段话中再次感觉到《毛毛》是一本了不起的书。

生：（教师读完第五自然段第一句）我很想读一读米切尔·恩德的其他作品，一定都跟《毛毛》一样吸引人。

生：我读过他的《永远讲不完的故事》。

生：我们教室里的书架上就有。

师：（读完第五自然段）后面的内容自己快速浏览，等会儿交流自己的发现和收获。

（学生自读。）

生：我发现很多日本人不仅喜欢读《毛毛》，还研究《毛毛》。

生：有很多人也觉得灰先生就住在人们身体里，刚才胡钰说灰先生就是人们自己，我觉得只要用心阅读，很多人都会发现这个秘密。

师：这篇书评里发现灰先生就住在人们身体里的是大人，我们的胡钰是儿童，所以我觉得胡钰更了不起。

生：我注意到书评的最后三个自然段，我觉得《毛毛》的结尾只是一个美好的愿望，现实中人们还是被灰先生控制着。

生：对啊，就像我的爸爸一样。

生：也许我们将来不会，因为我们读了《毛毛》。

师：彭懿的书评，有很多我们不一定读得明白，或者不一定感兴趣。有一个人的书评，我觉得一定要推荐给大家，因为她写得很简洁，很好懂。这个人就在我们身边，就是我们的同学。现在，我们请佳怡同学分享一下她撰写的书评。

生：一个新颖的故事，一个新颖的开头，一个新颖的结尾，一些新颖的人物，一个伟大而又平凡的道理——小女孩毛毛的故事走进了读者的心中。

《毛毛》在写法上有它自己的风格，当然，这种风格必须达到让读者勾魂摄魄，怦然心动的效果。没错，它做到了。描写灰先生与弗西先生的对话时，作者把灰先生的那种冷、那种阴森很好地表现了出来；写毛毛去往时间花地下仓库时更是精彩，描写是那么细腻，作者就这样一点一点带着读者一起经历毛毛的奇妙之旅。

但是写法再怎么生动，没有一个好的题材、好的故事，它是吸引不到读者的。《毛毛》的故事内容就很有意思，主人公毛毛不知来路，不知身份，善于倾听，勇敢无畏。这样一个奇怪的小女孩与吞噬他人时间的大恶魔灰先生的一场战争，一定会很精彩。

这样一个写法独特、内容生动的故事已经是极好的了，但在这基础上要是能够给人们送去一些思考和智慧，那就是再好不过了。米切尔·恩德，就成功地做到了这一点。这样一本书表面看上去是在写珍惜时间，但它更是在谈珍惜生命。每个人的一生只有短短的数十年，你是否能把它变得有意义有价值，这完全取决于自己。米切尔·恩德提醒的就是现今社会上的工作狂。可能大部分人认为只要努力工作，无时无刻地工作，就是热爱生活。那些所谓的工作狂就是被灰先生控制的人们，他们忘掉了为何去工作，觉得挣许多钱、住大房子、开跑车才算生活幸福。然而，并不是这样，生活中不能只有物质，而忽略精神、情感，让我们感到愉快、充实的生活才是真正的幸福生活。

米切尔·恩德这个天才一般的作家用他的神来之笔创造出了这样一个故事。我相信，不管是现在，还是未来，它都是一本值得阅读的书。

师：是啊，读过《毛毛》的人就有可能不被灰先生控制。这就是故事的力量，这就是阅读的收获。也许，阅读本身就能让更多的时间留在我们的心中。这么好的故事，我们为什么不将它推荐给爸爸妈妈阅读呢？

附教学评析：

怎样与五年级的孩子聊米切尔·恩德的《毛毛》，的确是一件很考验教师智慧的事。最好的共读，应该能将作品的故事内容和精神内核都读进学生的心中，令学生回味无穷。李老师的这节共读交流课，是深谙学生阅读心理，同时精准聚焦共读课程价值目标的。

第一，交流的话题来自学生的阅读思考。真实的阅读一定是不断产生问题和想法的阅读；真实的课堂也一定是从学生关注的问题入手的课堂。共读《毛毛》，课堂上的对话交流到底聚焦什么？可以是教师精心选择和预设的话题，也可以是学生共同关心的话题。前者利于教师掌控，后者体现了对学生立场的尊重，但会给教师的课堂组织和引导带来挑战。李老师选择了挑战——当然不是因为心血来潮，也是有教师的"预设"的，关键在于，这样的预设，充分体现了教师的儿童立场，也说明了教师对学生的了解是深入的，对共读历程的监控是细腻的。

第二，重视学生思维品质的锤炼。在梳理出大家共同关心且有探讨价值的话题后，李老师没有马上让学生交流自己的想法和观点，而是给足学生时间，运用合适的策略和方法，整理自己的想法和观点。完成这一读书任务时，教师特别强调"有理有据"，用意就是让学生掌握思维方法，锤炼思维品质。心里有了一定的想法和观点，并不等于能用有条理的语言表达出来。将想法和观点用文字整理出来，促成了思想与语言的一致性，提升学生言语思维能力的课程目标的实现也就水到渠成了。

第三，注重环境的选择和氛围的营造。最后的共读交流，将"课堂"安置于春光明媚的小操场，看似随性，实则体现了教师的匠心。《毛毛》是一个关于珍惜时间、珍惜生命的故事，是一个与人们的生活体验息息相关的故事。在明媚的春光中，师生围坐在一起，轻松而真诚地对话交流，诠释着时间的从容，体验着生命的温暖。这，正是《毛毛》希望人们拥有的生命状态。所以，在这样的环境和氛围中，师生能够畅所欲言，相互启发，联结生活，表达观点和心声。

第四，聚焦"故事的力量"。故事是有力量的，共读的一个重要目标就是让学生能够感受到不同故事的力量。感受故事的力量，需要运用不同的策略。《毛毛》的共读交流，李老师运用了话题讨论的策略，运用了联结生活的策略，还运用了拓展分享书评的策略。这些策略的运用，最终都聚焦到了对故事的力量的感悟上——"读过《毛毛》的人就有可能不被灰先生控制"。这样的共读，就自然而然拥有了生长的属性，让学生在习得读书策略的同时，学会了在阅读中反思，在阅读中汲取故事的力量，就有了创造更好生活的愿望。（陈淑之）

你一定会喜欢这样讲故事

——《你一定会喜欢上播种》听读教学实录

一、课程说明

故事听读课是母语课程建构的一种形式，它具有不可替代的母语学习价值。听读是把书面文字用声音的形式表达出来，这样的声音具有组织性、逻辑性和文学性，所以，听读活动的开展对孩子们而言，应该是获取信息的渠道，是培养语感逻辑思维能力的重要途径，还是培养讲故事和思维表达能力的绝佳示范。后文中共读《唐朝的韭菜》，是将听读与眼读相结合的一种课堂探索。

二、文本解读

罗伯兹·拉塞尔的《你一定会喜欢上播种》，是一篇小小说，也可以看成一篇散文，读来令人回味无穷。

故事发生在两个小孩之间。从城市搬来的邻居加同学迈克应邀和"我"一起在菜园中劳动，一周后，当"我"以为迈克已经喜欢上播种时，迈克却提醒"我"不要忘记了当初的约定——如果他一周后还没有喜欢上播种，以后就别再提这事了——他转身走了。夜里的一场暴风雨让"我"十分担心菜园里的幼苗，"我"一早来到菜园时，迈克却早就在菜园里照顾幼苗和种子了……

小说在平淡的叙述中，处处暗藏玄机，意外连连。迈克以前住在城市，以为蔬菜就是从超市买来的，对播种一无所知，当"我"邀请他一起播种时，他"居然毫不犹豫地答应了"。这是意外之一。迈克和"我"

一起在菜园里劳动了一周，当"我"信心满满地以为他一定喜欢上播种时，他却说："不要忘记我们的约定——别再说菜园的事，再见！"此为意外之二。原以为一周的劳动没有使迈克喜欢上播种，没想到一场暴风雨之后，他比"我"还先到菜园，整理照顾幼苗，重新种下种子。此乃意外之三。前一晚迈克还对"我"说"别再说菜园的事"，此时他却说："我说过，不要相信你听到的每一句话……我也想在不久的将来尝尝收获的快乐。""我"原来的期待成为现实，"我"原来的失望变成了惊喜。这是意外之四。小说所述之事，小而平常，这四次意外，却如一块块投水之石，激起层层波澜，使一塘静水，波光熠熠，风光无限。小说的迷人之处正是这四次意外，也是它作为听读文本的妙处所在。

小说的主题：播种是一件快乐的事，播种其实是播下期待与希望，有期待是一件多么美好的事情。当然，将小说化作听读文本，对主题的感悟，便在多维互动中悄然实现了。

三、课堂实录

师：请大家准备好笔记本和笔，现在坐端正，轻轻闭上眼睛，让心静下来。

师：孩子们，睁开眼睛，马上开始我们今天的听读之旅。

那天放学后，我正在我的菜园里播种。突然，一个声音在我背后响起："嗨，你在干什么？"

我抬头一看，是迈克。他和他的家人刚搬来我家后面不久。现在他和我同一个学校，都是读五年级。

我回答他："我正在种番茄、胡椒和豌豆，还有茄子和……"

迈克打断我："为什么要做这些麻烦事，这些蔬菜都可以在超市买到啊？"

"这很有趣。"我答道，"我喜欢种东西。"然后，我举起一颗豌豆种子，继续说："食物将由这细小的种子长成，真是一个奇迹。它所需的只是泥土、水和阳光。你过去居住的地方，难道没有菜园吗？"

迈克摇摇头说："我以前住在城市的一栋公寓里，坚硬的钢筋水泥不适合种东西。"

"我敢打赌，如果你尝试一下，你就会喜欢上播种的。而且，你更会喜欢它所带来的收获。"我说。

"是吗？"

我笑了："你为什么不试一试呢？跟我一起在菜园里劳动一周。如果你到时仍然不喜欢，我永远也不再提这事了。"

他居然——

（停顿，学生自由发言。）

生：他居然答应了。

生：我觉得他会拒绝。

生：每个人对新鲜事物都有好奇心，所以应该是答应了。

生：我听出主人公当时是充满了自信的，认为迈克一定会答应，而这里用了"居然"一词，所以我觉得迈克拒绝了。

师：你是觉得应该与主人公的自信形成鲜明的反差。

生：前面主人公提议迈克跟他在菜园劳动一周，且迈克看见了主人公劳动时的投入和自豪，心想着迈克会答应，这里用了"居然"，应该是一个转折点。

生：我认为后面是"他笑了笑，转身走了"。

他居然毫不犹豫就答应了。但迈克真的是一个门外汉。本来应该一颗种子一个小洞的，他却挖了一个很大的洞，然后把所有的种子都丢了进去。

不一会儿，迈克挖出一条蚯蚓来。"哇！这是什么？"他惊叫道。

"蚯蚓，笨蛋！"我拎起那条蚯蚓，让迈克摸。他后退一步，说道："不了，谢谢。"

"我以为男孩都喜欢虫子。"我逗他。

"不要相信你听到的每一句话。"他说道。但我相信迈克已经在改变对播种的看法。

事实上也是，他似乎已经喜欢上了这种劳动。每种下一颗种子，他都会说："我希望你长得又粗又壮，让我和詹妮为你骄傲。"我心中暗喜，因为这正是我期待的。

不知不觉中——

师：多长时间过去了？

生：一年过去了，种子长大了。

师：哦，原来你也从没种过菜。

生：我觉得应该是一周过去了，因为前面说到如果迈克一周后还没喜欢上播种，就不再提这事了。

生：一个月，因为这里是说"不知不觉"，作者为了让迈克保持兴趣，所以就这么一起干了下去。

不知不觉中，一周时间过去了。在最后一天，我和迈克一直工作到月亮露出圆圆的笑脸。我们骄傲地看着一行行的番茄、茄子和胡椒幼苗像绿色的小旗子整齐地立在泥土上，而豌豆和菠菜种子正等候着破土而出。

"一周时间结束。"我笑着对迈克说，自信迈克会对我说，播种菜园其实一点也不乏味。

好一会儿，他一言不发。突然，他说道——

（停顿，学生自由发言。）

生：播种的确很好玩。因为前面讲到迈克和"我"在播种时都感到骄傲。

生：我不干了，播种太累了。

生：我不喜欢城市了，更喜欢乡下农场。

好一会儿，他一言不发。突然，他说道："是的，我很高兴结束了。不要忘记我们的约定……"

（停顿，学生自由发言。）
生：就是一周后他会喜欢上播种，如果不喜欢就不提这事了。
师：直接从迈克嘴里说出来的话是怎样的？
生：不要忘记我们的约定，一周了，我对播种根本没有兴趣。
生：不要忘记我们的约定，你赢了，我的确对播种产生了兴趣。
生：不要忘记我们的约定，以后不要再提播种这事了！

突然，他说道："是的，我很高兴结束了。不要忘记我们的约定——别再说菜园的事，再见！"然后，他迅速跑进他家的后院。

我不敢相信自己的眼睛和耳朵，同时感到了深深的失望。

大约半夜时分，一声巨大的雷响把我从梦中惊醒。屋外，大雨倾盆，狂风肆虐。我不禁担心起来：我那可怜的菜苗和种子要遭殃了。我呆呆地看着屋外，直到大雨停止，才又迷迷糊糊地睡去。

第二天早上，我跳下床，迅速跑向后院。我的菜园肯定已被暴风雨糟蹋得不成样子。

生：我希望是一夜暴风雨之后，那些幼苗都长高了。
师：哦，你觉得那些幼苗被暴风雨肆虐后会长得更好？
生：我感觉迈克夜里看护了幼苗。
生：对，我也是这样想的。
师：这不符合常理吧，前面迈克刚说"别再说菜园的事，再见"，现在却……
生：我觉得就像我喜欢开玩笑一样，前面迈克就是在开玩笑，其实他还是爱上了播种。

"你怎么才来？"我刚打开后门，就被一个声音吓了一跳。

生：（纷纷）是迈克！是迈克！

师：故事到这儿，可不可以结束了呢？

生：我觉得还没有结束。前面迈克说不要再提菜园这事了，现在却跑到了菜园里。这里的原因还没有说清楚呢。

生：我也觉得还没结束，不过我认为后面应该只有一句话了——迈克说："其实我是真心喜欢上了在菜园里播种。"

生：我认为没有结束，小说不会单单讲一个迈克因为"我"改变了对播种的态度的故事，后面还有别的事情。

生：可以结束了。前面迈克自己讲不喜欢播种，现在事实说明他喜欢上播种了，这不已经是很"团圆"的结局了吗？

生：我还是觉得没有结束，如果就这么结束了，那迈克到底是喜欢还是不喜欢播种，仍然没有说清楚啊。

生：暴风雨过后，迈克比"我"还早到菜园，不就已经说明他喜欢上了吗？我也觉得可以结束了。

生：高明的作者一般会在结尾留一点疑问，这样读者读来更有味。这就是一种什么写作手法来着？

师：留白，言有尽而意无穷？

生：对，就是这种境界。

生：我觉得没结束。可能迈克来菜园，不是为了菜园里的种子，而是因为他惦记着小女孩。

生：对，可能后面的一句话是这样的——迈克说："我不希望我们之间的友谊泡汤了。"

师：我第一次读这篇文章的时候，读到这儿，我也以为结束了。可是当我翻读后面的文章时，突然发现它还没有结束。怎么回事呢？这儿结束不是很好吗？已经揭示了迈克喜欢上播种了，故事情节也够曲折的了。看来我也不会读书啊。

生：对，后面还没结束，答案只有一个。

师：只有一个？

生：那就是迈克还是不喜欢播种。

　　是迈克。他正跪在泥泞的菜园里，全身都沾满了泥巴。在他周围，一株株幼苗已被小心地绑在一根根小木棍上。

　　"你来多久了？"我问。

　　"天刚亮我就来了。"他说。

　　他站起来，伸了伸腰板说："我想我可以挽救大部分的幼苗，虽然暴雨对它们的打击不小，但这些木桩应该可以把它们扶起来。"

　　他自信地指着那些全副武装的幼苗，接着说："很多种子都被大雨冲刷出了地面，在小鸟把它们当做早餐前，我已经把它们大部分重新种了下去。"

　　"我简直不敢相信。"我说，"昨晚你还说……"

师：迈克没等"我"说完，他就接着说了一句。他会说什么呢？

生：我只是不想让我们的劳动成果毁于一旦。

生：其实我不是城里的孩子，我就是农村的孩子。

师：哎哟，这事情变得越来越复杂了！

生：想不出来，老师。

师：给点提示。我说过，不要相信——

生：哦，不要相信你听到的每一句话。

　　"我说过，不要相信你听到的每一句话。"他说道，"何况，我也想在不久的将来尝尝收获的快乐。"说完，他咧嘴一笑。瞬间——

（停顿，制造悬念。）

生：瞬间，太阳出来了。

师：孩子们，先不要急着说，请拿起你的笔，用一句话来结束这个故事。注意，这句话就是以"瞬间"开头的。

（生思考，写结尾。）

师：瞬间——

生：瞬间，天晴了。《三傻大闹宝莱坞》中，兰彻得到"病毒"赠送的太空笔后，不就是天空突然放晴了吗？

师：瞬间——

生：我的心里充满了喜悦。

生：我觉得迈克脸上的笑容像阳光一样。

生：迈克给了我一个拥抱。

……

瞬间，一丝温暖的感觉传遍我的全身。

师：为什么有的人不能顺着语势接着写出自然合适的结尾呢？那是因为你一心沉醉在别人的故事之中，没有让自己成为故事中的一员。我们听故事看故事，能够从故事中看到自己，身临其境，就真正成为故事的创造者了。

生：老师，我有一个问题，这个故事的题目是什么啊？

师：你觉得呢？

生：暴风雨后的阳光。因为暴风雨后才揭示主题的，主人公先那么期待，又那么失望，后来发现迈克真的喜欢上播种了，就开心了。

生：不要相信你听到的每一句话。因为文中两次出现了这句话，

生：菜园里的温暖。理由是故事是在菜园里发生的。

生：菜园里的友谊。因为"我"和迈克在菜园里一起播种，一起经历，建立了友谊。

……

师：其实，谁的题目最合适，关键是看你的题目是不是符合故事的内容和主题。听了大家的题目，故事本来的题目是什么似乎已经不重要了。

生：这个故事讲得太有味了，告诉我们它本来的题目吧，老师。

师：原题是"你一定会喜欢上播种"，作者是美国的罗伯兹·拉塞尔。你觉得作者为什么要用这个题目呢？

生：播种是一件有意义的事情，亲身经历了就会喜欢，比如迈克。

生：播种了，就能尝尝收获的滋味，就像迈克最后说的，因为他劳动了，所以期待收获的快乐。

师：孩子们，分享了这么好的故事，一定要向作者致敬。这篇文章的作者是美国的罗伯兹·拉塞尔（板书作者姓名），让我们一起大声读出作者的名字。

四、教学思考

选择《你一定会喜欢上播种》作为听读文本，首先缘于故事中接二连三的意外，这些意外，不仅能激发听故事的兴趣，更能激活学生的创造性思维，使其逐步学会利用悬念、转折等作用于心理节奏的策略建构故事。听读过程中，运用停顿或必要的提问，让意外凸现出来，使孩子们的思维活跃起来。孩子们对故事情节发展的期待，顺理成章地成为学生参与故事建构的内在动力。这样就不是单纯地听老师读故事，而是老师、孩子们和作者一起创造故事，并创造着以故事文本为线索的课堂故事。

这节课很好地体现了听读课的基本诉求。情感上，学生很自然地被卷入故事情节和人物情感之中，能在"我"与迈克之间自由置换角色的体验，同时又能跳出故事作为第三叙述人自然地表达自己的体验。"前面主人公提议迈克跟他在菜园劳动一周，且迈克看见了主人公劳动时的投入和自豪，心想着迈克会答应，这里用了'居然'，应该是一个转折点。"当约定的一周时间到了时，对迈克是否喜欢上播种的猜想，其实孩子们已经同时考虑到故事角色的情感了。故事中"我"和迈克情感的变化，同步影响着孩子们的情感变化，这种即时性的情感体验比眼读时更清晰而深刻。

语言上，几乎每一个"停顿"点，同时也是语感培植的语言点。"居然"一词的接续，"瞬间"后面语势的延续，不仅指向遣词造句的敏感，还指向情节把握下的篇感，对孩子们语言的发展具有十分积极的价值。听读还需要孩子们关注情节和语言点之间的前后联系，从而使语感的培植有了故事背景和特定语境作为支撑，帮助孩子们建立在联系中言说的表达意识。

参与故事的建构上，思维的训练和发展体现得尤为明显。即时性的互动，使思维在相互启发中更加活跃，批判性思维的发展有了最合适的训练场。对每次"意外"的不同期待，都是在自己的经验基础上对故事的自我建构，同时又是对自我经验的一次次突破。故事讲到"'你怎么才来？'我刚打开后门，就被一个声音吓了一跳"，讨论是不是可以结束时，不同的观点，表现的是不同的故事建构心理。因此，听读课上，学会故事不同叙述策略的同时，还在发展着批判性思维，孩子们思维品质的提升成为必然。参与故事的建构，也是一种与周围世界的心理互动，孩子们藉以故事的建构来认识自己与身处其中的世界的关系。

当然，听读课上的情感体验、语言发展、故事建构等要得到彰显和落实，不仅需要对听读文本进行精心选择，还需要课堂上的精心组织。听读课上，如何培植孩子们对关键词句的敏感，从而自觉地抓住"联系"进入故事的内部叙述节奏，更加智性地参与故事的建构，还需要给予一定的方法指导和策略引领。

被保鲜在一首诗里的韭菜

——《唐朝的韭菜》教学实录与思考

一、教学设想

邂逅李汉荣的随笔《唐朝的韭菜》，觉得很有情趣和文趣，决定拿来上一节探索型的课：听读＋眼读。这样的探索曾经在学习谈歌的《桥》时尝试过，学生喜欢，效果也比较明显。

在文中，作者把唐朝的韭菜、杜甫对诗歌创作的态度和如今的韭菜、今人对文学的创作态度等进行了对比，批评了现代人急功近利、轻浮急躁的心态，表达了作者对回归自然、回归本真、回归纯朴的呼唤。之所以说文章既有情趣又有文趣，是因为作者的语言幽默而自然，结构精巧而无痕，融思辨于虚构的故事当中，让读者在轻松的心境下收获阅读和思考的快乐。

这样一篇文章，是可以拿来当成故事分享的——当然是用听读的形式。听读课，顾名思义，就是教师读故事，学生听故事，但又不是简单的读与听。听读课上的读，既相当于"讲"，又赋予了更鲜明的课程诉求，要讲究策略，为"对话"服务；听读课上的听，也具有课程特色，它同时指向参与故事建构、丰富情感体验、落实语感培养和言语逻辑思维训练。

为什么《唐朝的韭菜》适宜拿来听读呢？其一，它很容易通过教师的读将学生带入故事性的情境当中，激发学生的思维，引起情感上的共鸣；其二，语言的幽默、自然很容易激活学生的语感，是培养语感的好文本；其三，师生的即时互动使故事性的杂文轻松突破文体的隔阂，在参与文本建构的过程中，可以很自然地对学生进行杂文阅读的启蒙。

这是学生第一次接触杂文，听读可以让他们对杂文的一般风格有所体会，而要更深入地理解作者的构思和表达，进一步感受文章的独到之处，听读之后再进行眼读模式的细细品读，是有必要的。

二、课堂实录

1.听读：唐朝韭菜今何处，杜甫还言"死不休"

（开篇就是杜甫《赠卫八处士》中的两句诗："夜雨剪春韭，新炊间黄粱。"这是诗中最温馨、最贴心的两句。我将这两句写在黑板上，请学生读，读正确读出节奏来后，听读之旅就开始了。）

"夜雨剪春韭，新炊间黄粱。"

一千多年前，那个雨夜里的春韭，被杜甫保鲜在一首诗里，至今仍散发着清香。

（我的朗读肯定是抑扬顿挫的，表情呢，肯定是与语言的意境吻合的。我要用绘声绘色的读抓住学生的心，挑逗学生的语言感知力。我有滋有味地将第二自然段读了两遍，请学生谈谈听懂了什么。）

生：意思是说，春天雨夜的韭菜很清香。

（这是只会从句子中找零碎信息，无法在信息间建立起联系的学生给出的答案。）

生：意思是说，一千多年前，杜甫看见嫩绿新鲜的韭菜，觉得它很美，忍不住将它写进了诗里，这韭菜就随着诗句传到了今天，和诗句一起散发着清香。

（我夸给出这个答案的学生是"文化人"，理解得准确，有诗一般的情怀。）

诗为五言，句子精短，与韭菜精致的模样很般配。

我觉得，韭菜是自然的五言诗，五言诗是文化的韭菜。

我读过的唐诗，涉及写蔬菜或韭菜的，几乎都是五言，很少有七言或更长的句式。

（读到这里，有学生高高举起了手。）

生：我发现作者更喜欢五言诗。

师：何以见得呢？

生：他说了，他读过的唐诗很少有七言或更长的句式。

生：他不是这个意思，而是说写到韭菜的几乎都是五言，很少有七言或其他的句式。

师：怎么才能知道写到韭菜的五言诗比其他更长句式的诗要多呢？

生：大量地读各种句式的诗。

（这么一交流，句子里隐含的信息就明朗了。那么作者是怎样看这一现象的呢？我接着读。）

这很可能是因为，面对这娇小、精致的可爱植物，唤起了诗人们细腻、爱怜的情思，用五言这精致的样式，表现这精美的植物，是很相宜的。

这也似乎说明，在唐朝，韭菜，以及众多蔬菜，都是天然、本来的长相和品性。

（听到这里，学生们似有疑惑。我没有停下来让他们表达自己的想法。）

蔬菜嘛，就该是朴素本分的样子，安静单纯的样子，露水盈盈的样子。这样子，才叫蔬菜。

假若杜甫老哥来到现代，来到我们的蔬菜地里，他一定十分惊讶……

（我故意停了下来。学生先是笑了，因为"杜甫老哥"，接着就举起了手。）

生：现在的蔬菜地里没有韭菜了。

生：还有啊！我觉得是现在的韭菜不像唐朝时的韭菜了。

生：是不是现在的韭菜长得很大了，不再娇小，不再朴素了？

（我接着读。）

他一定十分惊讶：这是蔬菜吗？这不是一片杂木林吗？芹菜已疯长成灌木；莴苣正演化成芭蕉；葱虽然暂时还没变成芦苇，但已有了芦苇的个头；土豆已膨胀成杜甫喝汤用过的大土瓷碗；韭菜呢，五言诗里的韭菜哪去了呢？这又高又胖、模样粗糙、神情张狂的另类灌木，是韭菜吗？一千多年没见，出落成这样子了？

（伴着我的朗读，学生们不时睁大了眼睛，同时被夸张的描写逗笑了。）

生：写得真夸张啊！

生：我可以用一个词来概括——物是人非。

生：不对，一千年不见，蔬菜都变样了，应该叫物非人非。

杜甫老哥啊，你少见多怪了。一切都在变，菜地如何不变？假如你走进我们的文化菜地看看，你又如何不被惊呆？别摇头嘛，老哥。别的，你暂且别看，就看看那被你视为"千古事"的文章，就看看你一生钟情、"语不惊人死不休"的诗吧。如今，一个写手随便就日产万言，短篇不过夜，中篇不过周，长篇不过月，一年制造十几部长篇，不难嘛，只需喝几杯咖啡，吸几口香烟，猛敲键盘，快速码字，滚滚泡沫就席卷世界的沙滩；写诗，稀松平常事，手起键响，键响诗成，一日千行，何难？回车键频频按，诗，就像那工业废水、生活污水滔滔滚滚源源不断，注入我们古老的奄奄一息的江河荒滩。你语不惊人死不休，呕心沥血一生，才写了一千来首，字数不够一个中篇，还不及写手们一天的产量。杜老啊，你太低产了。

生：我听明白了，作者说现代人写文章一天写的字比杜甫一生写的还多。

师：是啊，杜甫也没什么了不起的嘛！一生才写了一千来首诗，跟现代人比起来，也太低产了。还被称为诗圣呢，也不过如此啊！（我故意做出这样的评价）

生：作者是故意这么说的，其实是说现代人一天能写出许多文章来，却没有什么质量。

生：就像蔬菜一样，叫什么来着——

生：转基因的，没营养。

师：现代人大批量制造文章，质量不高，作者却好像在夸赞他们，这叫作反话正说；明明是要夸赞杜甫用心用情写诗，却好像在批评他不能写出更多作品，这叫——

生：正话反说。

师：当然了，如果杜甫老哥真的看到现代这些蔬菜、文章的样子，会不会傻眼了呢？我们接着听。

这下，我得赶快告诉杜甫原委，不然老先生会被吓傻的。就这么一个诗圣，被我们吓傻了，我们对不起万古千秋。

（一片笑声。）

是这样的，杜甫老哥：你在蔬菜地里看见的那硕大的、张狂的、疯长的、妖艳的、粗壮的灌木形状的蔬菜，都是服用化肥、农药、增红素、增绿素、增高素、拉长素、膨胀素等等市场激素催生出来的。

你问：好吃吗？有营养吗？

生：不好吃，没营养。

我如实回答你：不好吃，营养很少，毒性很大，垃圾食物而已。

师：瞧瞧，人家的回答具体多了，不是没营养，而是营养很少，而且补充说明了"毒性很大"。多负责任啊！

你在文化菜地（其实那是文化工业流水线）看见的那泡沫翻腾的泡沫文化，那废水汹涌的废诗，也是服用化肥、农药、增红素、增绿素、增高素、拉长素、膨胀素等等市场激素大批量疯长出来的。

你问：好吃吗？有营养吗？我如实回答你：不好吃，营养很少，基本是废物。垃圾食物而已。

（学生们大多一脸茫然，也有的心领神会。）

师：听不懂了吧！（我故意激将。听懂的不服气，举手。）

生：作者是把现代的文化比作蔬菜，文章产量大，一天写很多，都是粗制滥造的，不值得看。

师：你听明白了，从历史中走来的诗圣杜甫听明白了吗？

杜甫一脸茫然，摇着头，迷惑不解地走了。

和杜甫一样，唐朝的韭菜，包括那雨夜里的韭菜，没见过的世面太多了，没见过农药，没见过化肥，没见过增红素、增绿素、增白素、增高素、拉长素、膨胀素，只见过——

生：只见过农人的汗水和阳光。

师：有诗意。

生：只见过雨水。

生：只见过唐时的春雨霏霏，炊烟袅袅。

师：真正的文化人啊！（我毫不犹豫地冲这位同学竖起大拇指）

生：只见过蜜蜂、蝴蝶。

……

只见过露水、月光、荷锄的农人，见过蜜蜂、蝴蝶、毛毛虫，见过低飞的燕子和菜地上空款款飞过的黄鹂、喜鹊、斑鸠、白鹭。

师：唉，看样子唐朝的韭菜太不幸了，太没见识了。我为唐朝的韭菜感到惋惜。

生：不对，唐朝的韭菜幸运啊，见到的都是自然的、美好的事物，不像现代的韭菜，几乎见不到这些了。

生：现代的韭菜见到的是雾霾。

师：韭菜何其有幸，在那个温暖的春夜，用它质朴、醇正的清香，接待了诗人和他的诗。

唐朝的土地上，生长着清清爽爽的蔬菜，生长着清清爽爽的——

（我将最后的"的"拖得长长的，停顿，请学生们补上一个字。学生们争先恐后，有的补上"树"，有的补上"人"，有的补上"鸟"……我吟诵"夜雨剪春韭，新炊间黄粱"，有学生马上悟到了，大声说："诗。"）

师：为什么是"诗"字呢？

生：韭菜就被杜甫写进了诗里，那时候的蔬菜就像诗。

生：无论生长的什么，在唐朝的时候，都是有诗意的。

你且看那韭菜——

朴素安详地，一根一根地，在露水和清风里，认真地排列着自己，把自己排列成——

（我刚读完"成"字，学生们马上异口同声接上"诗"字。我指向黑板上的诗句，学生们一起诵读——"夜雨剪春韭，新炊间黄粱"。接着，照例是追问文章的题目和作者。很多学生第一时间就想到和原文一致的题目，也有人想的不一样，比如"韭菜和诗""杜甫的韭菜"，却同样与文本内容十分契合。）

2. 眼读：韭菜非韭菜，属意归自然

师：刚刚我们一起经历了听读之旅，现在我将文章发给大家，让我们各自用自己的眼和心来读一读这篇文章，看看会有什么新的发现和感悟。

（学生自主阅读，自主发现。）

生：我发现作者想象力丰富，竟然想象杜甫穿越到现代，认不出现代的韭菜了。

生：我发现作者爱唐朝的诗，爱唐朝诗中的蔬菜，而不喜欢现代的诗，不喜欢现代的转基因蔬菜。

生：我发现作者是借韭菜来表达自己的观点，说现代社会不如唐朝。

师：这个发现了不起！那么接下来我们一起来看一看：作者是如何借韭菜来表达观点的？他的观点可以概括为"现代社会不如唐朝"吗？

（学生再读文章，梳理作者思路，画出思维导图，明晰文章主题。然后，我组织他们分享思维导图，从而明晰了作者精巧的构思。）

生：我发现作者的思路是这样的，他从杜甫的诗句"夜雨剪春韭，新炊间黄粱"谈起，表达了对这句诗的欣赏之情，猜想了作者为什么能写出这样自然细腻的诗句；接着作者设想杜甫来到现代，会认不出地里的蔬菜，又从蔬菜谈到了现代的文化，也是杜甫难以理解的；然后继续借与杜甫谈话，告诉人们现代的蔬菜和文化都服用了市场激素，看上去产量高，却没有营养；最后讲唐朝的蔬菜和诗都是清新的，自然的。

师：概括得条理清晰！那么，大家读出了作者到底要告诉读者什么吗？

生：作者不喜欢现代服用了市场激素的蔬菜和文化，喜欢唐朝时自然状态下的蔬菜和文化。

师：可不可以说成作者认为现代社会不如唐朝？

生：作者并没有说现代社会什么都不如唐朝。

生：作者不喜欢现代的蔬菜和文化，批判的是只追求数量不管质量。

生：作者写唐朝的土地里没有各种激素，蔬菜和诗都是朴实自然的，说明作者喜欢朴实自然的东西。

师：作者生活在什么时代？他这样写的目的到底是什么？

生：作者生活在现代，他这样写应该是表达对现代社会一些现象的不满，所以特别怀念唐朝。

师：表达不满，希望文化回归自然和本真，这就是批判精神。批判的语言一般都是很严肃的，让人感到那个人说话时可能板着面孔，读这篇文章时你是不是也觉得李汉荣当时正板着面孔呢？

生：没有，我觉得他很幽默。

师：从哪里感受到的呢？用朗读来告诉大家。

（学生朗读杜甫来到现代菜地看到的情形和作者的"汇报"部分。）

师：是啊，语气像是调侃，语句里大量使用并列的词语，增强气势也更有幽默感。但是，作者写唐朝的蔬菜和诗歌的文字呢？

（学生朗读体会。）

师：（该是总结的时候了）学生们是第一次在课堂上接触这样有趣又有深意的文章。同一篇文章里，既有诗意的向往，又有轻松的调侃，既有抒情，又有故事，却酣畅淋漓地表达了作者的想法和情怀。李汉荣的散文充满真情，关注生命和自然，语言清新、灵动、诗意，有文章被编入初中语文教材，是一个值得我们阅读的作家，课下我们可以找来他的文章读一读……

三、教后思考

毫无疑问，学生在这样的母语课堂上，心情是愉悦的，思维是活跃的，生命是舒展的。

听读课主要在语感培养、言语逻辑思维训练和参与故事建构等方面具有鲜明的目标诉求。在具体的听读课堂上，不同的文本，教学目标的侧重点不同，那么这篇文章的听读给学生带来了什么呢？

首先是语感的培养。语感首先表现为语音感，而这正是听读课的优势所在。文章的前两个自然段，我在朗读时就开始发挥语音的作用，用绘声绘色的读抓住学生的心，挑逗学生的语言感知力。听读文本之所以有吸引力，肯定不是完全依赖于教师精彩的读，文本本身语言的表现力十分重要——这就要关注语义感的培养了。语义感指的就是对具体语境中关键词句的直觉感悟力。我对文本关键词句的处理直接指向语义感的培养。比如这段话的听读："他一定十分惊讶：这是蔬菜吗？……一千多年没见，出落成这样子了？"伴着我的朗读，学生进入了语境当中，对语义也心领神会：这是幽默，这是讽刺，这是在批评现代蔬菜已经被改造得没有蔬菜本真的模样。再如"和杜甫一样，唐朝的韭菜，包括那雨夜里的韭菜，没见过的世面太多了，没见过农药，没见过化肥，没见过增红素、增绿素、增白素、增高素、拉长素、膨胀素，只见过——"我在读到"只见过"时停下来，学生能够循着语义进行补充，这也是语义感的体现。

其次是言语逻辑思维的训练。听读教学因为重视文本本身逻辑的理解和关注，对话经常会很自然地聚焦内容信息前后的联系，以及常用"猜读"的策略等，都使得言语逻辑思维的训练落在了实处。上面提到的语义感的培养，其中就同时包含了言语逻辑思维的训练。"唐朝的土地上，生长着清清爽爽的蔬菜，生长着清清爽爽的——"，后面让学生接续的一个字为什么不是"鸟"也不是"树"，而是"诗"呢？答案不仅仅关乎语言的诗意，更在于唐代是一个诗歌的时代——杜甫将韭菜写进了诗里，韭菜就"保鲜"了千年。这种文本信息的关联被学生发现了，体现的正是言语逻辑思维的品质提升了。

题目的追问指向的也是逻辑思维的训练。听读课上一般先分享故事，再揭示题目。起初是我进行追问："你觉得这篇文章的题目是什么呢？请说明自己的理由。"一两次听读之后，分享完故事，学生就会主动追问了。之所以有追问的兴趣，并不在于自己想到的题目比别人的更接近原题，感到骄傲，而在于能从不同的角度出发，证明自己的题目与故事内容契合，符合逻辑。为什么以"韭菜和诗"为题，学生要说明自己的理由，理由能不能让人认同，就看合不合逻辑了。

作者明写韭菜，实际上是借韭菜来发挥，表达了对现代人迷恋"市场激素"、急功近利心态的批判和对回归自然、回归本真、回归纯朴的呼唤。听读时学生能够很好地理解作者的态度，却很难清晰地领会作者构思的巧妙，也没能用心体会作者语言的特色。所以，眼读主要聚焦作者的思路和语言的特色。聚焦文章思路，方法是画思维导图；聚焦语言特色，重在朗读体会。这么做的目的不单单是更加深入地感悟文章本身的表达特点，还为了通过这一篇文章引领学生去认识一个作家，激发学生阅读这个作家更多作品的兴趣。

一篇文章到底适合运用怎样的方式展开课堂学习对话活动，需要教师做足指向课堂、指向成长的文本解读的功夫，想清楚我们要的是什么，才能为师生共同拥有一个故事性的、充满情趣和理趣的母语学习课堂奠定基础。这篇文章的学习，从听读到眼读，我觉得就是在感悟故事的同时，师生一起快意地抒写着属于自己的阅读故事。这样的感觉，真好。

图书在版编目（CIP）数据

我在小学教语文：母语课程的开发与实施 / 李竹平著 . —上海：华东师范大学出版社，2020

ISBN 978－7－5760－0201－0

Ⅰ.①我 ... Ⅱ.①李 ... Ⅲ.①小学语文课—教学研究　Ⅳ.① G623.202

中国版本图书馆 CIP 数据核字（2020）第 042028 号

大夏书系·语文之道

我在小学教语文
——母语课程的开发与实施

著　者　李竹平
责任编辑　卢风保
责任校对　殷艳红　杨　坤
封面设计　奇文云海·设计顾问

出版发行　华东师范大学出版社
社　址　上海市中山北路 3663 号　邮编　200062
网　址　www.ecnupress.com.cn
电　话　021－60821666　行政传真　021－62572105
客服电话　021－62865537
邮购电话　021－62869887　地址　上海市中山北路 3663 号华东师范大学校内先锋路口
网　店　http://hdsdcbs.tmall.com

印刷者　北京密兴印刷有限公司
开　本　700×1000　16 开
插　页　1
印　张　15
字　数　208 千字
版　次　2020 年 5 月第一版
印　次　2022 年 6 月第四次
印　数　13 101-16 100
书　号　ISBN 978－7－5760－0201－0
定　价　49.80 元

出版人　王　焰

（如发现本版图书有印订质量问题，请寄回本社市场部调换或电话 021-62865537 联系）